pendo pocket

Zu diesem Buch

Am 23. Mai 1498 wurde der Dominikanermönch
Girolamo Savonarola von der katholischen Kirche in
Florenz gefoltert, gehängt und schließlich verbrannt.
Vier Jahre lang, von 1494 bis 1498, war er Sprachrohr
und Führer des florentinischen Bürgertums, verkündete
und forderte er Buße und reuige Abkehr von der Sünde.
Besessen von der Idee einer »Diktatur Gottes«, die er
selbst zu errichten gewillt war, mobilisierte der 1452 in
Ferrara geborene Kaufmannssohn mit wortgewaltigen
Bußpredigten die Volksmassen der Stadt und wiegelte
sie gegen die mächtige Familie der Medici mit ihrer
maßlosen Verschwendungssucht auf. Als schillernde
mythische Gestalt, als Mystiker und machtbesessener
Kulturzertrümmerer geistert Savonarola seither durch
die europäische Literatur. Schon sein Zeitgenosse
Marsilio Ficino verabscheute ihn als »giftmischerisches
Monstrum, das nur zum Verderben des Volkes« geboren
sei. In einer Zeit, in der der Fundamentalismus weltweit
auf dem Vormarsch ist, ist dieser Chomeini der Renaissance von verblüffender Aktualität.

Ernst Piper, geboren 1952 in München, 1981 Pro-
motion in Mittelalterlicher Geschichte an der TU
Berlin, 1982-1994 geschäftsführender Gesellschafter des
Piper Verlages, habilitiert sich derzeit mit einer Arbeit
über Alfred Rosenberg an der Universität Potsdam.
Zahlreiche Publikationen, zuletzt »München. Die
Geschichte einer Stadt« (1993).

Ernst Piper

SAVONAROLA

Prophet der Diktatur
Gottes

Biographie

Pendo
Zürich München

»Savonarola« erschien
erstmals 1979 im Verlag
Klaus Wagenbach, Berlin.

---

pendo pocket 2
© Pendo Verlag AG, Zürich 1998
Herstellung: Michael Wörgötter
Umschlagentwurf: Federico Luci
Umschlagabbildung: Archiv für
Kunst und Geschichte, Berlin
Druck und Bindung:
Clausen & Bosse, Leck
Printed in Germany
ISBN 3-85842-501-X

Inhalt

Savonarola in seiner Zelle, Holzschnitt von Lazzaro Soardi (1517)

Vorwort

Wer das Wort Renaissance hört, denkt an Italien, an die Bauten von Brunelleschi und Bramante, aber auch an die Villen des Palladio, an Kondottieri, an farbenprächtige Gewänder, an rauschende Feste und gewaltige Schauspiele und – nicht zuletzt – an die Entfaltung von Literatur und Wissenschaft.

Doch ganz anders war das Bild, das sich in Florenz am Ende des 15. Jahrhunderts bot:

»Das Aussehen der leichtlebigen Stadt schien wie umgewandelt. Die Frauen legten ihren reichen Schmuck ab, kleideten sich einfach und gingen züchtig einher. Die ausschweifenden jungen Männer waren mit einemmal bescheiden und religiös geworden. Todfeinde umarmten sich, Bankiers und Kaufleute erstatteten freiwillig unrechtmäßiges Gut zurück. Feste und Spiele wurden eingestellt. Die unsittlichen Karnevalslieder machten geistlichen Gesängen Platz [1].

Für einige Zeit fielen die Florentiner einem religiösen Rausch anheim, der weite Teile der Bevölkerung ergriff. Ausgelöst hatte ihn Girolamo Savonarola, ein Dominikanermönch aus Ferrara, »ein in seinem ehrlichen Fanatismus gewaltiger und hinreißender Reaktionär des konsequenten Mittelalters« [2]. Aber war Savonarola nur das, redete er nur der Weltverneinung das Wort? Die Tatsachen sprechen gegen diese These. Savonarola war auch Politiker, und als solcher trat er in Florenz auf. In seiner Person vereinigten sich der weltabgewandt-asketische und der bürgerlich-rechenhafte Widerspruch gegen die Verschwendungssucht der Renaissancefürsten. Bettelmönche und Buchhalter gehörten zu seinen Anhängern, aber nicht nur sie. Zeitweise folgten ihm auch viele Humanisten und Künstler; lange Zeit ging sogar das Gerücht, Botticelli und andere hätten in ihrer Begeisterung für Savonarola ihre »unzüchtigen« Bilder vernichtet. Für einige Jahre vermochte der Mönch aus Ferrara ein Regime in Florenz aufzurichten, das als »Diktatur Gottes« in die Geschichte einging.

Cesare Borgia, Holzschnitt (1577)

Renaissance

Das mittelalterliche Europa erlebte im 14. Jahrhundert eine schwere wirtschaftliche Krise. Gleichzeitig war die feudale Ordnung durch das Stadtbürgertum grundlegend in Frage gestellt. Handel und Handwerk gewannen immer mehr an Bedeutung, so daß viele Menschen in die Städte strömten, um sich dort zu verdingen. Hier, in den nach politischer Selbständigkeit strebenden Städten, hatte das Bürgertum als neue, vom Grundbesitz unabhängige Klasse seinen historischen Ort. Durch Hungersnöte und Pestepidemien sank im 14. Jahrhundert die Zahl der Arbeitskräfte auf dem Lande, die Löhne stiegen, die Pachterträge sanken. Die Landbevölkerung, die den ersten Peststurm überlebt hatte, flüchtete der besseren Versorgungslage wegen in die Städte, was den landwirtschaftlichen Produktionsverfall weiter beschleunigte.

1358 erhob sich gleichzeitig mit dem Bauernaufstand der Jacquerie das Pariser Bürgertum unter Etienne Marcel und verlangte nach Kontrolle der königlichen Verwaltung. 1378 brachten die Florentiner Wollarbeiter für kurze Zeit die Regierung der Stadt in ihre Hände. 1381 zogen die südenglischen Bauern unter der Führung Wat Tylers nach London und stürmten den Tower. Ein Jahr später gelang es den Genter Zünften und ihrem Gemeindehauptmann Philip van Artevelde, das Heer ihres Landesherrn Philipp von Burgund zu schlagen [3]. Die Erschütterung der sozialen Ordnung erfaßte alle Schichten. Ritter, Bauern und die Bevölkerung der Städte erhoben sich. Zum einen waren es letzte feudale Prestige- und Machtkämpfe, wie der Aufstand der deutschen Reichsritterschaft Anfang des 16. Jahrhunderts. Zum andern begann das städtische Proletariat Gestalt anzunehmen.

Die Päpste residierten in Avignon und entwickelten Hofhaltung und Finanzwesen in einer Weise, die in der Folgezeit Vorbild für geistliche und weltliche Herrscher wurde.

In Rom führte der Notar Cola di Rienzo (1313-1354) das Volk zu einem großen Aufstand und wurde schließlich selbst dessen Opfer. 1315 brachten unberittene Schweizer Gebirgsbauern einem geübten habsburgischen Ritterheer eine vernichtende Niederlage bei; dies war die Geburtsstunde der Eidgenossenschaft. Seit 1367 führte die Augsburger Weberzunft einen Meister Fugger in ihren Listen.

Das Bürgertum war das historische Subjekt der kapitalistischen Evolution. Leute wie Cola di Rienzo und Salvestro de' Medici waren seine ersten Sprecher, ohne sich dessen bewußt zu sein. Rienzo[4] stellte sich an die Spitze des römischen Bürgertums und vertrieb die vom abwesenden Papst bestätigten Adelssenatoren aus der Stadt. Salvestro[5] kämpfte im Interesse des florentinischen Handels- und Wucherkapitals auf Seiten der Wollarbeiter gegen die klerikale Reaktion.

Das Mittelalter war geprägt gewesen von einer alles umgreifenden Ideologie, dem Christentum. Mit der Entdeckung des Individuums war diese scheinbar natürliche Ordnung zerbrochen. Herrschaft war nicht mehr gottgewollt (wenn dies auch noch lange behauptet wurde), ihre Grundlage war der subjektive Wille des Herrschers, so wie der Wille zum Risiko die Grundlage zum kaufmännischen Erfolg war: »Der Schein eines einheitlichen Gesellschaftszwecks ist weggefallen, jede politische Kraft setzt ihre eigenen Zwecke.«[6]

Lorenzo, ein später Nachfahre des schon zitierten Salvestro de' Medici, ist wohl der bekannteste Sproß dieser florentinischen Patrizierfamilie; er führte den sinnfälligen Beinamen »der Prächtige« (il Magnifico). Bereits sein Großvater Cosimo hatte Florenz, noch ganz im Rahmen der Stadtverfassung, seiner Familie untertan gemacht. Lorenzo de' Medici beherrschte die Stadt wie ein ungekrönter König, war gleichzeitig Herr des damals größten Bankhauses der Welt, beschäftigte Tausende von Arbeitern in seinen Manufakturen, förderte die Wissenschaft, war Auftraggeber von Leonardo da Vinci, Michelangelo und Botticelli, veranstaltete gewaltige Karnevalsumzüge in »seiner« Stadt und fand noch Zeit, Gedichte zu verfassen. Dieser Mann stutzte die Verfassung der Stadt wie keiner vor ihm auf die Bedürfnisse der Seinen zurecht; er war ein Repräsentant des Despotismus der Renaissance, der beispielhaft in Cesare Borgia und dessen Vater, Papst Alexander VI., verkörpert ist.

Wie in der Sphäre der Herrschaft, so zerbrach auch im Bereich der Ästhetik der Schein der Unvergänglichkeit. An die Stelle in Jahrhunderten erbauter gotischer Kathedralen traten individuelle künstlerische Leistungen, an die Stelle von Madonnenbildern traten Porträts wohlhabender Bürger. 1418 wurde in Florenz ein Wettbewerb für die noch fehlende Kuppel des neuen Doms ausgeschrieben. Der Gewinner war Filippo Brunelleschi (1377-1446), Sohn eines Florentiner Notars und Begründer der Renaissancearchitektur. Er schuf eine Konstruktion, die bis dahin ungeahnte Weiten überspannte und bis heute optisch die Stadt dominiert. Der Bau der Kuppel dauerte nur elf Jahre. Anschließend wurde ein neuer Wettbewerb ausgeschrieben für den Kuppelaufsatz, die sogenannte Laterne, den wieder Brunelleschi gewann.

Eine bis dahin unvorstellbare Macht- und Prachtentfaltung steckte die Menschen in bunte Gewänder, intensivierte aber auch ihre Ausbeutung. An die Stelle des Knechtes, dessen Großvater bereits Knecht beim Großvater seines Herrn gewesen war, trat der Lohnarbeiter, der darauf angewiesen war, seine Arbeitskraft ständig wechselnden Herren anzudienen. Das System der Lohnarbeit ließ die Produktivität gewaltig wachsen und rationalisierte die Ausbeutung. Arbeitskraft wurde nur dann gekauft, wenn sie gebraucht wurde. Jeder war auf sich selbst gestellt; es begann die Zeit, wo jeder »seines Glückes Schmied« war. Das Aufbrechen der personalen Herrschaftsverhältnisse vergrößerte die sozialen Unterschiede fast ins Unendliche. Das städtische Bürgertum investierte seine Profite in Landbesitz. Dies und die Aufhebung der Leibeigenschaft (in Florenz 1289) führten zur Bildung einer neuen, zahlenmäßig bedeutenden Klasse von besitzlosen Lohnarbeitern auf dem Lande, denen Großbauern bzw. Pächter gegenüberstanden. Am frühesten und am gründlichsten ging dieser Prozeß in Ober- und Mittelitalien vor sich. Hier hatte der feudale Landadel niemals raumbildende Kraft gewonnen. Nicht Fürstentümer und Grafschaften beherrschten das Bild, sondern Stadtstaaten wie Mailand, Venedig oder Florenz[7].

Die Arbeit produzierte unmittelbar Tauschwert, also Geld. Auf der anderen Seite war auch die Reproduktion der Arbeitskraft nun vermittelt durch die Zirkulationssphäre. So konnte es passieren, daß einer zu bestimmten Zeiten des Jahres seine Arbeitskraft nicht verkaufen konnte, obwohl er doch das ganze Jahr essen mußte, oder, daß er so wenig Lohn erhielt, daß er davon nicht leben konnte. Das waren die Folgen der neuen Freiheit:

»Das Geld ist der Kuppler zwischen dem Bedürfnis und dem Gegenstand, zwischen dem Leben und dem Lebensmittel des Menschen. Was mir aber mein Leben vermittelt, das vermittelt mir auch das Dasein der anderen Menschen für mich. Das ist für mich der andere Mensch.«[8]

Ein neues Prinzip begann sich durchzusetzen, das der Monetarisierung (Vergeldlichung) der zwischenmenschlichen, d.h. der gesellschaftlichen Beziehungen. Später, im Kapitalismus, sollte es zum allgemeingültigen Prinzip werden.

In jener Zeit emanzipierte sich die Wissenschaft von der Religion und stellte sich in den Dienst der Entwicklung der Produktivkräfte. Leonardo da Vinci, unehelicher Sohn eines Florentiner Notars und einer Magd, trat nach seiner Ausbildung in die Dienste des Herzogs von Mailand, Lodovico Sforza. Nach dessen Sturz kehrte er 1499 nach Florenz zurück und wurde später Festungsbauinspizient von Cesare Borgia. Leonardo machte Studien zu den Grundgesetzen der Hydrostatik und -dynamik, der Optik und Aerodynamik. Besonders aber widmete er sich der modernen Mechanik und den Beziehungen zwischen menschlicher und maschineller Arbeit. Leonardo wies auf die ökonomische Notwendigkeit hin, den menschlichen Arbeitsprozeß in mechanische Abläufe zu zerlegen. Er verglich die Arbeitsleistungen von Maschine und Mensch und stellte fest:

»Die ganze Welt, auch die belebte, steht unter den Gesetzen der Mechanik; die Erde ist eine Maschine, und der Mensch ist es auch.«[9]

In Ferrara

Die Stadt Ferrara liegt gut 100 Kilometer nördlich von Florenz. Die Grafen von Este erwarben im 13. Jahrhundert die Herrschaft über diese Stadt und brachten im Laufe der Zeit ein Gebiet zusammen, das von Ravenna fast bis nach Pisa reichte. Dieser Herrschaftsbereich lag wie ein Gürtel zwischen den Republiken Mailand und Venedig im Norden und dem Kirchenstaat und der florentinischen Republik im Süden. Mit Ausnahme des Königreichs Neapel hatten die Grafen von Este so eine gemeinsame Grenze mit allen italienischen Großmächten, was geschicktes diplomatisches Lavieren erforderte. Unter ihrer Herrschaft begann für Ferrara und seinen Hof ein »goldenes Zeitalter«, Ende des 15. Jahrhunderts wurde Ferrara von manchen sogar die »erste moderne Stadt in Europa« genannt. 1391 war eine Universität gegründet worden. Im Jahre 1440 berief Niccolò d'Este Michele Savonarola auf den Lehrstuhl für Medizin.

Ferrara, Holzschnitt (1499)

Savonarola stammte aus Padua, wo er als Arzt und medizinischer Schriftsteller gewirkt hatte. Savonarolas bedeutendste Schrift war die »Practica major«, eine Enzyklopädie des damaligen medizinischen Wissens. Der Verfasser machte darin hygienische Vorschriften, gab Hinweise zu einer vernünftigen Ernährung, verbunden mit Kochrezepten, und beschäftigte sich mit »sämtlichen möglichen Krankheiten vom Kopf bis zu den Füßen« [10]. Neben anderen medizinischen Abhandlungen verfaßte Savonarola auch zwei Bücher über die Beichte und moralische Schriften. Im Alter lebte er ziemlich zurückgezogen, ließ sich von seinen Verpflichtungen weitgehend entbinden und schrieb Erbauliches. Er starb erst 1468, als sein Enkel Girolamo schon 16 Jahre alt war.

Michele Savonarola gehörte zum Kreis der Humanisten am Hof von Ferrara. Die Humanisten, allen voran Savonarola, wußten sich den griechischen und lateinischen Klassikern verpflichtet und verwarfen die französischen Ritterromane, die damals außerordentlich beliebt waren, wegen ihrer Unmoral. Savonarola empfahl in einem seiner Bücher über die Beichte, solchen Leuten keine Absolution zu erteilen, »die sich vergnügen mit dem Hören und Lesen überflüssiger Liebesgeschichten, zuviel Zeit für Musik und weltlichen Gesang verschwenden und an den Feiertagen, anstatt zur Vesper zu gehen, den Straßensängern lauschen« [11]. Ein Jahr nach Savonarolas Berufung starb Nicolò d'Este. Doch auch sein unehelicher Sohn und Nachfolger Borso, der vom Papst 1470 zum Herzog von Ferrara erhoben wurde, schenkte Michele Savonarola seine Gunst.

Micheles Sohn Niccolò Savonarola war Kaufmann und Bankier von Beruf. Er wurde mit Helena de' Bonacossi, Patriziertochter aus Mantua, verheiratet, mit der er zwei Töchter und fünf Söhne hatte. Als dritter Sohn wurde 1452 Girolamo geboren. Er und seine sechs Geschwister genossen eine »streng christliche Erziehung, welche beinahe klösterliches Gepräge trug« [12]. Niccolò setzte große Hoffnungen auf seinen Sohn Girolamo und schickte ihn auf die besten Schulen; Arzt sollte er werden, wie der Großvater. Nach Abschluß des Studiums der freien Künste studierte er Medizin. Daneben lernte Girolamo das Lautenspiel und be-

14

HIERONYMI FERRARIENSIS A DEO MISSI PROPHETAE EFFIGIES,
zeitgenössisches Portrait von Fra Bartolommeo

schäftigte sich mit italienischer Literatur. Er führte das Leben eines Studenten aus gutem Hause und hatte noch keine Vorstellung von dem, was auf ihn zukommen sollte:

»Der Gedanke, die Welt zu verlassen und sich dem Ordensleben zu widmen, lag ihm damals noch fern; ja er beschwor dies förmlich und versicherte tausendmal, niemals wolle er Mönch werden.« [13]

Aus dieser Zeit ist uns eine Episode überliefert, die für die weitere Entwicklung Savonarolas große Bedeutung hatte. Das Haus der Familie Savonarola grenzte an das der Strozzi. Die Strozzi hatten in Florenz neben den Albizzi zu den erbittertsten Gegnern der Medici gehört. Nach deren Sieg mußten sie 1434 in die Verbannung gehen. Der berühmte Mäzen Palla Strozzi, dessen Sohn später nach Florenz zurückkehren durfte, ließ sich in Padua nieder; andere Mitglieder der Familie gingen nach Ferrara. Zu ihnen gehörte auch Roberto Strozzi, in dessen uneheliche Tochter Laudomia sich Girolamo verliebte. Nach langem Zögern nahm er all seinen Mut zusammen und machte ihr einen Heiratsantrag. Laudomia aber hatte offenbar im Sinn, sich so teuer wie möglich zu verkaufen. Sie soll geantwortet haben:

»Wie, du bildest dir ein, das vornehme Blut und Geschlecht Strozzi lasse sich zu einer Verbindung mit dem Hause Savonarola herab?« [14]

Dieses Erlebnis beeinflußte Savonarola wohl nachhaltig. In der Welt des Diesseits, insbesondere der höheren Stände, offenkundig erfolglos, fühlte er sich nun zum himmlischen Jenseits hingezogen. Mehr als um die »leibliche Hülle der Nebenmenschen« [15], die später auch zu verbrennen ihn nicht anfocht, sorgte er sich nun um das Heil der Seele. Die Seele wurde ihm das Wichtigste, sie sah er allenthalben bedroht. Sein späteres reformatorisches und politisches Streben richtete sich ganz auf die Rettung der Seelen, auch wenn er sich dabei über die Bedürfnisse und Absichten ihrer Besitzer hinwegsetzen mußte. Das leibliche Wohl und Wehe der Menschen interessierte ihn – getreu christlicher Tradition – weit weniger. Kurz nach seinem vergeblichen Liebeswerben hatte er einen Traum, der ihn nach seinen eigenen Worten dazu bestimmte, das Medizinstudium aufzugeben und sein Heil im Kloster zu suchen:

Am Scheideweg, Holzschnitt (1496)

»Während er schlief, fühlte er einen eiskalten Wasserfall auf seinem Kopf. Das weckte ihn sofort auf, und er erwachte von seinem Traum, d. h. er begann ein neues Leben. So kam Gott ihm zu Hilfe, und auf diese Weise entschied er sich, ein Seelenarzt und nicht ein Arzt für den Körper zu werden. Es war das Wasser der Reue gewesen und mit ihm war jede fleischliche Hitze erloschen, während seine Kälte jede weltliche Begierde in ihm bezwungen hatte.« [16]

Vom »Wasser der Reue« sprechen, wie es der christliche Biograph des 16. Jahrhunderts tut, kann nur, wer im »Weltlichen« nicht die eigentliche Bestimmung des Menschen sieht und daher bereit ist, seine irdischen Triebe mit dem kalten Wasserstrahl zu bekämpfen [17].

Aus dieser Zeit stammen Savonarolas erste Schriften »Vom Verderben der Welt« und »Vom Verderben der Kirche«. Beim ersten der beiden Gedichte hatte er vor allem die Verhältnisse am Hof von Ferrara vor Augen. Das höfische Leben unter Ercole d'Este (1471-1505 zweiter Herzog von Ferrara und Modena) widersprach völlig Savonarolas Vorstellungen von christlicher Moral und Sittlichkeit. Savonarolas Kritik hatte natürlich keine praktischen Auswirkungen, trübte aber auch nicht sein Verhältnis zum Herzog. Der war, wie alle, an einem guten Verhältnis zu den Leuten der Kirche interessiert, gleichsam als Versicherung für das Leben nach dem Tode, von dem ja keiner wissen konnte, ob es so etwas nicht vielleicht doch gab. Jeder kümmerte sich eben auf seine Weise um das Seelenheil. Die Reichen, die ihren Geschäften zu obliegen hatten, ließen andere für sich beten, Jakob Fugger z. B. die Bewohner der von ihm gestifteten Fuggerei. Der Sohn des Herzogs Ercole Alfonso d'Este heiratete 1501 Lucrezia Borgia, die Tochter von Papst Alexander VI. Sie zog namhafte Gelehrte und Dichter an den Hof von Ferrara, unter anderem Ariost.

Das zweite Gedicht Savonarolas richtete sich an die Kirche, er schrieb es unmittelbar vor dem Eintritt ins Kloster:

»Du keusche Maid, wohl darf ich es nicht wagen,
Doch stimm ich ein in deine bittern Klagen.
Wie bist du doch so fern den selgen Zeiten,
Da sich die Märtyrer dem Tode weihten!
Der Heil'gen Kirche schwand in Himmelsferne
Und harret unser in dem Reich der Sterne.« [18]

Klosterkarriere

Der Eintritt ins Kloster setzte den Hoffnungen auf eine bürgerliche Karriere ein Ende und war ein harter Schlag für die Familie. Savonarola ging deshalb auch nach Bologna, um den ihn bedrängenden Eltern etwas ferner zu sein. Dort schloß er sich dem Orden der Dominikaner an. Seinen Taufnamen behielt er auch als Mönch bei, so daß er jetzt Fra Girolamo hieß, zu deutsch Bruder Hieronymus.

Die Dominikaner waren neben den Franziskanern der wichtigste Bettelorden. Beide waren zu Beginn des 13. Jahrhunderts gegründet worden und konkurrierten miteinander um die theologischen Lehrstühle an den Universitäten. Bettelorden zeichneten sich dadurch aus, daß ihren Mitgliedern jedes persönliche Eigentum verboten war. Sie suchten das Evangelium durch die Askese zu verwirklichen. Ebenso wie die Ketzerbewegungen formulierten auch die Bettelorden ihr Armutsgelübde in bewußter Kritik an der herrschenden Praxis der Amtskirche. Dieses Drängen nach einer Erneuerung des evangelischen Armutsideals zielte auf eine Entweltlichung und Spiritualisierung des Christentums. Nach

Piazza San Marco (Ende 15. Jahrhundert)

19

dem Zusammenbruch des römischen Reichs war die christliche Kirche substitutiv in den Bereich staatlicher Herrschaft eingetreten. Dahin war es mit den Idealen der Frühchristen, die sich heimlich in irgendwelchen Katakomben getroffen hatten. Nun gab es bestallte Priester, Bischöfe und Kardinäle, und in Rom begann sich so etwas wie eine zentrale Administration auszubilden. Als die heranstürmenden »Barbaren« das römische Kolonialreich zertrümmert hatten, zerfiel mit ihm auch seine staatliche Ordnung und Verwaltung. Die Kirche blieb als einzige raumstrukturierende Kraft. In der Folge fielen ihr nun auch Aufgaben zu, die vordem der Staat, der jetzt nicht mehr bestand und an dessen Stelle die neuen Herren nichts zu setzen hatten, wahrgenommen hatte. Der Bischof wurde vielfach zugleich Stadtherr. Da die Ehe damals noch nicht verboten war [19], wurden viele Bischofssitze als mehr oder weniger erblich behandelt. Gegen diese Zustände trat in Italien im 11. Jahrhundert eine Reformpartei auf, die *Pataria*. Sie kämpfte gegen die Despotie und den Reichtum des hohen Klerus und gegen die Simonie, den Ämterkauf. Zum Teil verband sich auch das Papsttum mit der *Pataria*, um auf diese Weise der zu großen Eigenmächtigkeit mancher Kirchenfürsten entgegenzutreten, aber auch, weil der deutsche König ein gemeinsamer Gegner war. Im Kampf gegen Ämterkauf, Priesterehe usw. erzielte die *Pataria* Erfolge, langfristig wurde sie aber nicht wirksam.

Der Dominikanerorden gewann schon bald nach seiner Gründung große Bedeutung. 1231/32 wurde ihm vom Papst das bisher von den Bischöfen ausgeübte Geschäft der Inquisition übertragen. Mit Hilfe der Inquisitionen (wörtlich: Befragungen) fahndete die Kirche nach Ketzern. Als Beginn der Inquisition kann man die Bulle *Ad abolendam* (Zur Vernichtung) aus dem Jahre 1184 betrachten, die sich vor allem gegen die südfranzösischen Albigenser richtete. Einen entscheidenden Schritt vorwärts tat dann das vierte Laterankonzil 1215, das die Kirchenreform zum Abschluß brachte. Das Ergebnis war die Durchformung der katholischen Kirche zu einer einheitlichen, streng hierarchischen Organisation. Die Klöster unterstanden nun dem jeweiligen Diözesanbischof. Die Einehe wurde verbindlich vorgeschrieben und jeder Gläubige wurde verpflichtet, einmal im Jahr zu beichten. Das Ziel war eine »allgemeine Praxis der Gewissenserforschung« [20], denn die Kontrolle der Gewissen war eine Grundvoraussetzung für eine erfolgreiche Inquisition. Das vierte Laterankonzil verpflichtete deshalb alle Gläubigen weiterhin, jeden der Ketzerei Verdächtigen anzuzeigen. Gleichwohl dauerte es noch eine Weile, bis das Geschäft der Gewissenserforschung in Schwung kam. Erst 1252 wurde durch die Bulle *Ad extirpenda* (Zur Ausrottung) die Folter eingeführt. Den Inquisitoren wurden für ihre Tätigkeit Bücher an die Hand gegeben. Das umfassendste und bekannteste schrieb 1321 der Dominikaner Bernhard Gui, Inquisitor von Toulouse.

Die Dominikaner entwickelten von allen Orden den größten Eifer bei der Verfolgung von Ketzern. Seit dieser Zeit stellten sie auch den päpstlichen Hoftheologen, was eine große Auszeichnung war. Das Objekt der italienischen Inquisition waren vor allem die Waldenser. Diese ursprünglich französische Ketzerbewegung hatte sich schon im 12. Jahrhundert nach Italien ausgebreitet. Hier wurden die Ketzer auch *pauperes italici* genannt, italienische Arme. Die Armutsbewegung der Waldenser hatte ungeheuren Zulauf und dehnte sich bald von der Westschweiz bis nach Polen aus. 1477 sah sich Papst Sixtus IV. sogar veranlaßt, zum Kreuzzug gegen die Waldenser zu predigen. Bis ins 19. Jahrhundert waren sie immer wieder Verfolgungen ausgesetzt; tausende wurden von französischen und italienischen Heeren niedergemacht. Erst im Revolutionsjahr 1848 erhielten sie Religionsfreiheit. Trotz ständiger Verfolgungen gehören die Waldenser zu den wenigen Ketzerbewegungen, deren völlige Ausrottung nie gelang; kleine Gemeinden überlebten in einigen norditalienischen Gebirgstälern [21].

Ein anderes Betätigungsfeld der Inquisition waren die Hexenverfolgungen, die im Spätmittelalter gewaltig zunahmen und denen insgesamt mehr als eine Million Menschen zum Opfer fiel. Auch hier gehörten die Dominikaner, Profis der Intoleranz, zu den Eifrigsten. Sixtus IV. hatte 1483 ihren Ordensbruder Thomas de Torquemada zum spanischen Großinquisitor ernannt. Ein Jahr später folgte die Hexenbulle von Sixtus' Nachfolger Innozenz VIII. Diese Bulle sanktionierte das Wüten der beiden Dominikaner Jacob Sprenger und Heinrich Institoris. Drei Jahre später legten sie ihre Hexenbekämpfungslehre in einer berühmt gewordenen Schrift nieder, dem »Hexenhammer«. Das Grundprinzip lautete: »Der Leib muß brennen, auf daß die Seele gerettet werde.« Die Bekehrung fußte immer auf dem Mittel des Zwanges, wobei es im Falle der Hexenverfolgungen ohnehin keine Rettung gab, denn Hexen wurden so oder so verbrannt. Nicht Überzeugung war die Richtschnur der Inquisition, sondern die Kirche mußte ihre weltliche Macht unter Beweis stellen. Der Hauptgrund für die Verfolgung der Ketzer war tatsächlich, daß diese den dogmatischen Alleinvertretungsanspruch der Kirche bestritten. Wenn dies geduldet worden wäre, wäre es mit der Lehrautorität des Papstes bald dahin gewesen.

Auch das Armutsideal der Bettelorden hatte etwas durchaus Aggressives an sich. Den Bettelmönchen genügte nicht die eigene Armut, auch die anderen mußten zur Entsagung bekehrt werden, ob sie wollten oder nicht. Die, die zur Mäßigung in allem aufriefen, mäßigten sich dabei selbst keineswegs. Auch die von Savonarola angestifteten kindlichen Almosensammler brachten ihre Bitte nicht mit Demut, sondern mit »Ungestüm« vor: »Niemand wurde vorbeigelassen ohne eine kleine Zahlung.«[22] Die alte Mischung aus Puritanismus und Intoleranz; Zuwiderhandelnde werden sicherheitshalber verbrannt.

Auch sonst pflegten die Bettelorden weniger der Weltabgewandtheit, wie es die Mönchsorden des Hochmittelalters getan hatten. Ihr Interesse für sozialpolitische Fragen, das natürlich auch positive Auswirkungen hatte (in der Armenfürsorge etwa), machte die Stadt zu ihrem natürlichen Betätigungsfeld. Für die Bettelmönche stand deshalb auch nicht die Bibelmeditation im Vordergrund, sondern Predigt und Beichte, Tätigkeiten, die sich an die Öffentlichkeit richteten. Um hier Wirkung zu erzielen, mußten die Ordensbrüder entsprechend ausgebildet sein. Der Dominikaner- und der Franziskanerorden legten großen Wert auf die Schulung ihrer Leute. Aus ihren Reihen gingen die bedeutendsten Theologen hervor.

Der Orden der Dominikaner, dessen Mitglieder zu persönlicher Armut verpflichtet waren, hatte – vor allem seit dem 14. Jahrhundert – mit ständig steigendem Reichtum zu kämpfen. Überall griff der »Geist der Lauheit und Verweichlichung«[23] um sich. Die einzelnen Mönche mußten zwar eigentumslos leben, doch den Klöstern gab schon Papst Martin V. 1425 die ausdrückliche Erlaubnis zum Grunderwerb. Und je mächtiger der Orden wurde, desto zahlreicher wurden seine Freunde und desto reichlicher flossen die milden Gaben. Das Prinzip der Eigentumslosigkeit wurde in der Praxis mehr und mehr aufgegeben. Schließlich gab es eine Grundsatzdebatte, ob die alte Regel nicht überhaupt abgeschafft werden sollte. In dieser Zeit trat Savonarola in den Orden ein. Es überrascht uns nicht, zu erfahren, daß er sich denen anschloß, die für eine strenge Beachtung der alten Grundsätze eintraten. Nach vier Jahren hatten die Oberen des Klosters in Bologna die Überzeugung gewonnen, daß Savonarola zu Höherem berufen sei; er sollte deshalb seine Ausbildung fortsetzen. Wie es der Zufall wollte, wurde er an die Universität seiner Heimatstadt geschickt, nach Ferrara, um dort Theologie zu studieren.

Im Mai 1482 brach zwischen Ferrara und Venedig ein Krieg aus. Die Dominikaner sahen ihre Niederlassung in Ferrara gefährdet und beschlossen, das Kloster zu räumen. Die Mönche wurden verschickt, Savonarola kam nach San Marco in Florenz. Er begann, in der Kirche von San Lorenzo zu predigen, doch diese Tätigkeit wurde ihm zu einer rechten Enttäuschung. Meist verirrten sich nur einige Frauen mit ihren Kleinkindern zu ihm:

»Den Florentinern erschienen die Manieren und die Redeweise des fremden Predigers roh und ungebildet, sein lombardischer Akzent rauh, seine Ausdrücke derb und ungewählt, seine Gesten hastig und gewaltsam.«[24]

Wenn die Florentiner Bürger schon in die Kirche gingen, dann hörten sie sich lieber Fra Mariano an, der in Santo Spirito predigte. Die Zeitgenossen rühmten seine sonore Stimme, den gewählten Ausdruck, seine kunstvollen Redewendungen und die Harmonie der Kadenzen. Dieses Erlebnis mußte Savonarola in seiner Überzeugung bestärken, daß Florenz ganz und gar dem Verfall der Sitten erlegen sei. Er verließ die Stadt, die sowenig von seinen eindringlichen

Appellen zu überzeugen war, so oft er konnte und predigte z.B. 1484 und 1485 zur Fastenzeit im nahen San Gimignano. Unterdessen übte Savonarola seine Rhetorik und erlernte den toskanischen Dialekt[25].

1487 kehrte Savonarola nach Ferrara zurück, wo er nun in der Predigtkunst ausgebildet wurde. Nach Aufenthalten in Brescia, Pavia und Genua wurde er 1490 zurück auf die Lektorstelle am Kloster von San Marco berufen, das er in den acht Jahren, die er noch zu leben hatte, nicht mehr verlassen sollte. Er kehrte in eine Stadt zurück, die mehr denn je von einem Mann beherrscht wurde: Lorenzo de' Medici.

Kreuzgang von San Marco

Das Florenz der Medici

Seit dem 13. Jahrhundert finden wir in Florenz Mitglieder der Familie Medici in öffentlichen Ämtern. Unter Giovanni di Bicci de' Medici (1360-1429) übernahmen sie die Führung der Popolanenpartei und konkurrierten mit den Albizzi um die politische Spitzenposition in der Stadt. In dieser Zeit wurde auch die Medici-Bank gegründet. Durch den Orienthandel hatte die Familie enorme Gewinne gemacht. Nachdem der Krieg zwischen Florenz und dem Papst[26] zunächst die Geschäftsverbindungen zwischen diesen beiden Mächten völlig zerstört hatte, eroberten die Florentiner Kaufleute und Bankiers in den Jahren nach 1390 ihre Stellung am päpstlichen Hof allmählich zurück.

Giovanni di Bicci leitete bis 1397 die Bank der Medici in Rom[27]. 1397 kehrte er nach Florenz zurück, wo von da an die Zentrale der Medici-Bank war. Schon bald, in den Jahren nach 1410, gelang es den Medici, die anderen Florentiner Bankhäuser in Rom zu überflügeln. Für diesen Umstand war besonders von Bedeutung die Beziehung zwischen Giovanni di Bicci und Baldassare Cossa, der 1410 als Johannes XXIII. Papst wurde (er wurde später zu den sogenannten Gegenpäpsten gerechnet, deshalb wurde die Nummer 23 noch einmal vergeben). 1402 war Cossa Kardinal geworden und eroberte im Jahr darauf Bologna für die Kurie, wodurch er ein mächtiger Nachbar für die Florentiner Republik wurde. Schon in jenen Jahren war Giovanni der Bankagent Cossas. Außerdem wurde in dieser Zeit das Amt des *depositarius Camerae Apostolicae* geschaffen. Dieser »päpstliche Finanzminister« kam seit 1403 immer aus Florenz[28]. Johannes XXIII. entfaltete nach seiner Wahl rege militärische Aktivitäten, die naturgemäß viel Geld kosteten. Sein Hauptgläubiger war Giovanni di Bicci. 1420 gingen die Spini, größte Konkurrenten der Medici, bankrott, und die Medici erreichten auch unter Papst Martin V., der eigentlich einer anderen Fraktion verpflichtet war,

dieselbe Stellung wie zuvor unter Johannes. Bartolomeo de'
Bardi, der Leiter der römischen Filiale der Medici-Bank,
war zu dieser Zeit *depositarius*. Auf diese Weise konnten die
Medici praktisch den gesamten Finanzverkehr der römischen Kurie kontrollieren.

Giovanni di Bicci war ein außerordentlicher wirtschaft-
licher Aufstieg gelungen. 1396 hatte er noch 14 Florin
Steuer gezahlt. 1427 war er mit einer 28mal höheren
Summe bereits der zweitgrößte Steuerzahler der Stadt
hinter dem schon erwähnten Palla Strozzi[29]. Bei seinem
Tode hinterließ Giovanni di Bicci de' Medici ein Vermögen
von 180.000 Florin. Sein Sohn Cosimo de' Medici machte
aus der väterlichen Bank die größte von allen und sich selbst
zum reichsten Bürger der damals bekannten Welt. 1457
zahlten die Medici auf ihr dekliertes Vermögen (das wirk-
liche war natürlich höher[30]) eine Steuer von 576 Florin.
Den zweiten Rang unter den größten Steuerzahlern nahmen die Benci ein. Dies waren die Erben von Giovanni
d'Amerigo Benci, der 1434/35 Generaldirektor der Medici-
Bank geworden war. Unter Cosimo de' Medici umfaßte der

Cosimo de' Medici,
Marmorrelief von
Verrocchio
(ca. 1460)

Medici-Trust neben dem Hauptsitz in Florenz fünf Bank-filialen in Italien und vier weitere nördlich der Alpen sowie mehrere Handwerksbetriebe. Daneben handelten die Medici mit Alaun und betrieben außerdem einen schwungvollen Handel mit Luxusartikeln aller Art. Alaun war ein Mineral, das für die Tuchproduktion benötigt wurde. Es war unentbehrlich zur Erhöhung der Haltbarkeit und der Leuchtkraft der Farben. Da Alaun nur in vulkanischem Gestein vorkommt, war es außerordentlich kostbar und schwer zu beschaffen. Der Alaunhandel führte deshalb oft zu politischen Auseinandersetzungen. Als Mitte des 15. Jahrhunderts in Tolfa, 50 Kilometer nordwestlich von Rom, Alaun gefunden wurde, jubelte Papst Paul II.: »Wir haben die größte Schlacht gegen die Türken gewonnen!«[30a] Das Monopol für den Handel mit dem neu entdeckten Alaun erhielten die Medici. Doch bis all dies erreicht war, galt es, noch einige innenpolitische Querelen zu überstehen.

Die Finanzgeschäfte, aus denen die führenden Familien ihren Reichtum zogen, waren eine äußerst diffizile Angelegenheit. Die Gewinnspannen waren enorm, ebenso das Risiko. Manche der kleinen Banken glichen einem Kartenhaus aus kurzfristigen Verbindlichkeiten, das schon bei einer leichten Erschütterung in sich zusammenfallen konnte. Alle Banken arbeiteten mit – für heutige Verhältnisse – verschwindend geringem Eigenkapital. Die großen Schuldner waren meist Könige oder Fürsten, die mit den Krediten ihre Kriege finanzierten. Erlitten sie eine entscheidende Niederlage, konnten sie nichts zurückbezahlen und Bankrotte, die sich manchmal zu einer ganzen Serie häuften, waren die Folge. Die Bilanz der Florentiner Filiale der Medici-Bank aus dem Jahr 1427 mag als Beispiel dienen. Bei einer Bilanzsumme von etwa 100.000 Florin betrug der Barbestand lediglich 4.223 Florin. Die Verbindlichkeiten betrugen demgegenüber fast 78.000 Florin[31]. Es mag sein, daß diese labile Struktur zum Kollaps des florentinischen Finanzwesens führte, der an der sinkenden Gesamtzahl der tätigen Banken abzulesen ist:

1338	80 Banken
1460	33 Banken
1520	7 Banken[32]

Auch in der Zeit des Giovanni di Bicci de' Medici kam es zu einer wirtschaftlichen Krise, die durch einen Mangel an flüssigem Kapital ausgelöst wurde. Seit 1425 hatte es schon eine Reihe von Bankrotten gegeben, denen unter anderem die beiden Banken der Strozzi zum Opfer gefallen waren. Die Stadt, von kriegerischen Unternehmungen erschöpft, brauchte Geld. Die reichen Familien wiederum hatten Schwierigkeiten, das nötige Bargeld zur Zahlung der Steuern und der erzwungenen Anleihen aufzutreiben. Eine so reiche und vorsichtige Familie wie die der Medici konnte auf ihr Vermögen zurückgreifen, andere dagegen mußten oft Grundbesitz oder Staatsanleihen weit unter Wert verkaufen. Der Kurs für Staatsanleihen, der 1427 noch 50 % des Nominalwerts betragen hatte, fiel bis 1433 auf 15 %[33]. Zu diesem Wertverfall trug neben dem Geldmangel auch der Umstand bei, daß die Stadt in solche Finanznot geraten war, daß sie selbst die Zinsen auf diese Anleihen nicht pünktlich auszahlen konnte. Der Schuldendienst der Stadt betrug in jener Zeit insgesamt etwa 200.000 Florin im Jahr[34].

Der Hauptgrund für die finanziellen Nöte der Stadt war der ebenso kostspielige wie erfolglose Krieg gegen Lucca, den Rinaldo degli Albizzi 1430 vom Zaun gebrochen hatte. Dieser Krieg sollte auch die Entscheidung bringen in dem Kampf zwischen den Albizzi, die mit den Strozzi, Uzzano und Ridolfi seit der Restauration von 1382 die Stadtpolitik dominierten, und ihren innenpolitischen Hauptgegnern, den Medici. Die finanziellen Auswirkungen des Krieges waren extrem unsozial. Die große Mehrheit wurde mit drückenden Steuern belastet, damit die Stadt wenigen reichen Kreditgebern horrende Zinsen in den Rachen werfen konnte. Eine Gesetzesinitiative, den Zinssatz auf 60 % im Jahr zu beschränken, wurde am 3. Juli 1431 abgeschmettert[35]. Vom Dezember 1430 bis August 1432 nahm die Stadt bei 64 Bürgern Kredite in einer Gesamthöhe von 561.098 Florin auf. Doch von einer einzigen Familie kam mehr als ein Viertel dieser enormen Summe: Die Bank Cosimo & Lorenzo de' Medici & Co. stellte 155.887 Florin zur Verfügung[36]. Dieser Betrag entsprach dem Jahresverdienst von mehreren tausend Menschen, wobei ein durchschnittlicher Handwerker oder Wollarbeiter niemals einen ganzen Florin zu Gesicht bekam, denn er wurde mit Scheidemünze bezahlt, für die er nur auf dem lokalen Markt etwas kaufen konnte.

Noch im Jahre 1430 intervenierte Mailand zugunsten Luccas, um einem Machtzuwachs seines Rivalen Florenz vorzubeugen. Den Mailänder Kondottiere Francesco Sforza zu kaufen und zum Abzug zu bewegen, kostete die Florentiner natürlich wieder erhebliche Summen. Nach drei Jahren wurde der Krieg schließlich durch Vermittlung des Papstes beendet, ohne daß die Florentiner irgendetwas Konkretes erreicht hätten. Die Albizzi wurden in der Stadt allgemein als die Verursacher dieses Desasters angesehen; sie mußten sich also etwas einfallen lassen.

Man verlegte sich darauf, die Medici als Kriegsgewinnler zu diskreditieren. Niccolò Tinucci, einer der Zeugen, die aufgeboten wurden, sagte z. B. Folgendes aus:

»Ich habe Cosimo und Averardo [de' Medici] oft sagen hören, durch den Krieg könne man mächtig werden. Man müsse die Stadt militärisch ausrüsten und ihr dann Kredite geben, die sicher und sehr profitabel seien. Das Volk würde gleichzeitig glauben, man habe ihm geholfen. So gelange man zu Ehre, Ansehen und Macht.«[37]

Schließlich wurde Cosimo de' Medici am 7. September 1433 vor die *Signoria* zitiert. Als er im Palazzo Vecchio ankam, wurde er sofort verhaftet; man eröffnete ihm, er stehe unter der Anklage des Landesverrats im Krieg gegen Lucca. Die *Signoria* setzte ein ihr willfähriges Gericht ein, doch Cosimo »fand Wege, die Überzeugungskraft seiner Geldmittel wirken zu lassen«[38]. Im Gericht brachen Meinungsverschiedenheiten aus, so daß die ursprünglich vorgesehene Todesstrafe nicht verhängt werden konnte und ein Kompromiß geschlossen wurde: Zehn Jahre Verbannung nach Padua. Die anderen Mitglieder der Familie Medici wurden an andere Orte geschickt und wurden außerdem in den Adelsstand strafversetzt, was sie von weiterer politischer Tätigkeit auch im Falle späterer Rückkehr ausschloß.

Doch das Blatt wendete sich schon bald. Als im August 1434 die Wahlbeutel neu gefüllt wurden[39], wurde für September und Oktober eine neue Stadtregierung ausgelost[40], deren

Mehrheit den Albizzi feindlich gesonnen war. Trotz der üblichen Wahlmanipulationen und trotz Verbannung war es den Medici und ihren Anhängern also gelungen, die Oberhand zu gewinnen. Am 2. Oktober mußten Rinaldo degli Albizzi und 70 weitere Parteigänger den Weg ins Exil antreten; wenige Tage später kehrte Cosimo de' Medici nach Florenz zurück.

In den folgenden Jahren gelang es ihm, alle wichtigen öffentlichen Ämter, Gremien und Kommissionen mehrheitlich mit Leuten zu besetzen, die ihm ergeben waren, während er sich selbst möglichst im Hintergrund hielt. Cosimo war nicht nur ein ungekrönter, sondern auch ein lautloser König. Er mied prominente Positionen in der Stadtverwaltung, ließ die Verfassung formal bestehen und versagte es sich auch, sich von jubelnden Volksmassen feiern zu lassen. Bei seiner Rückkehr aus dem Exil ging er der ihn erwartenden Menge aus dem Weg und betrat die Stadt auf Schleichwegen. Er suchte nicht nach spektakulären, aber oberflächlichen Erfolgen, sondern setzte auf Beharrlichkeit und Fleiß. Cosimo regierte Florenz nicht mit »Brot und Spielen«, wie sein Enkel Lorenzo, sondern mit der Akribie des Buchhalters. Mit eiserner Hand leitete er die Geschäfte der Medici-Bank, die zu seinen Lebzeiten ihren Zenit erreichte, und zog gleichzeitig die Fäden hinter den Kulissen der Stadtpolitik. Er schuf ein »auf Klugheit, Geld und Geduld . . . gegründetes System der Hegemonie eines einzelnen Bürgergeschlechts«[41]. Cosimo starb im Alter von 75 Jahren, ohne daß seine Herrschaft ein einziges Mal ernsthaft in Frage gestellt worden wäre.

Im allgemeinen respektierte Cosimo de' Medici das florentinische Prinzip, die verschiedenen Regierungsgremien und -kommissionen durch Losentscheid zu besetzen. Er versuchte natürlich, unter den Bürgern, die das passive Wahlrecht hatten, also ausgelost werden konnten, möglichst viele seiner Anhänger zu plazieren. Trotzdem konnte es vorkommen, daß einer *Signoria*, die Cosimo mehrheitlich freundlich gesonnen war, eine folgte, die überwiegend aus seinen Gegnern bestand. Da die *Signoria* jeweils nur zwei Monate im Amt war und keine gesetzgeberischen Befugnisse hatte, war der Schaden nicht groß. Jedenfalls war er viel geringer, als

Die Anbetung der Könige von Botticelli (wahrscheinlich 1475), vor der Madonna kniet Cosimo de' Medici, unten in der Mitte ist sein Sohn Piero, unten ganz links dessen Sohn Lorenzo; unter den Umstehenden weitere Medici

wenn man dieses System angetastet hätte. Es gab aber eine Einrichtung, über die Cosimo keinen Augenblick die Kontrolle verlieren durfte, wollte er nicht in Gefahr geraten; das waren die *Otto di Guardia* (die Acht der Wache). Die *Otto* hatten nach Cosimos Machtübernahme 1434/35 die Verfolgung seiner politischen Gegner organisiert. 1458 faßten die *Otto di Guardia* einen Beschluß, der alle ausgesprochenen Exilierungen um nochmal 25 Jahre verlängerte; manche oppositionelle Familien wurden insgesamt von der Bekleidung öffentlicher Ämter ausgeschlossen[42]. Das Gremium der Acht war für die Sicherung von Cosimos Herrschaft von außerordentlicher Bedeutung. Um es ständig unter Kontrolle zu haben, wurde seine Zusammensetzung deshalb nicht durch das Los, sondern durch Abstimmungen bestimmt, die natürlich viel leichter zu beeinflussen waren.

Die *Otto di Guardia* waren im September 1378 nach der Niederlage des Aufstandes der Wollarbeiter geschaffen worden, um das kleinbürgerliche Regime zu konsolidieren. Die *Otto* bekamen bald immer mehr Aufgaben im Bereich der öffentlichen Sicherheit. Auf heutige Verhältnisse übertragen, muß man sie sich als eine Kombination aus Polizei und Verfassungsschutz vorstellen:

»Die Sicherheit des Staates, die Unterdrückung von Verschwörungen und die ganze Überwachungs- und Spionagetätigkeit erforderte einen Kern von ergebenen Polizeibeamten, deren Zahl nach dem Umfang ihrer Kompetenzen bestimmt wurde. Die *Otto* wurden sehr bald eine »Familie«, deren Größe wir nicht kennen, deren Mitgliederzahl aber nach ihren Anweisungen beschränkt wurde.«[43]

Darüberhinaus kontrollierten die *Otto di Guardia* auch die übrigen städtischen Wachmannschaften, übten die Kontrolle über die Märkte aus, organisierten Truppenaushebungen und kontrollierten die militärischen Befestigungen der florentinischen Republik. Es war nur konsequent, daß sie auch an den Beratungen über außenpolitische Fragen und Probleme der Kriegführung beteiligt wurden.

Die *Otto* erwiesen sich sehr schnell als so nützlich, daß sie nach dem neuerlichen Umsturz 1382, der die guelfisch orientierte Reaktion wieder ans Ruder brachte, keineswegs aufgelöst wurden, sondern sogar noch vermehrte Kompetenzen erhielten. So bekamen sie die Aufgabe, 2000 staatstreue Bürger mit guelfischer Gesinnung herauszufinden. Zum Beweis, daß sie die Gesinnungsprüfung bestanden hatten, erhielten diese Bürger von den *Otto* ein Abzeichen. Zur Erfüllung ihrer Aufgaben wurden den Acht außerdem 200 Armbrustschützen und 200 Exekutivbeamte beigeordnet. In den 1420er Jahren wurden den *Otto di Guardia* überdies auch noch Funktionen der Rechtssprechung übertragen. Es begann mit Geldstrafen für die Mißachtung von Anordnungen der Stadt. Doch auch hier nahmen die Kompetenzen der *Otto* immer mehr zu, und gegen Ende des Jahrhunderts fielen auch schwere Verbrechen in ihre Zuständigkeit. Seit 1433 begannen sie, »die normalen und traditionellen Organe der Rechtssprechung immer mehr zu entmachten, um dann deren Erbe einzusammeln«[44]. Cosimo de' Medici säumte nicht, die *Otto di Guardia* für seine Zwecke einzusetzen. Bereits am 11. Oktober 1434 wurden die ersten politischen Urteile gefällt.

Im Jahre 1458, als Cosimo die Exilierung seiner politischen Gegner verlängern ließ, wurde gleichzeitig zur weiteren Absicherung seiner Herrschaft ein neues Gremium geschaffen, der *Consiglio dei Cento* (Rat der Hundert). Dieser Rat usurpierte die Gesetzgebungsfunktionen, die bisher das aus den beiden traditionellen Räten zusammengesetzte Stadtparlament wahrgenommen hatte. Die beiden Räte hatten zusammen 500 Mitglieder und waren daher schlechter zu kontrollieren gewesen. Der *Consiglio dei Cento* wählte nun auch die *Otto di Guardia*. Ergänzt wurde diese Transformation der Stadtverfassung noch durch zahlreiche Kommissionen für besondere Aufgaben, deren Treiben noch undurchsichtiger war als das der hundertköpfigen Akklamationsmaschine. Cosimo de' Medici versuchte zwar, so wenig wie möglich die traditionellen Bahnen der republikanischen Verfassung zu verlassen, um den Eindruck zu vermeiden, er sei ein Despot. Andererseits zögerte er nicht, die Maßnahmen zu ergreifen, die ihm zur Sicherung seines Regiments notwendig schienen.

Auch in der Außenpolitik war Cosimo eher vorsichtig. Er mied Eroberungskriege, denn sie waren sehr kostspielig und ihr Ausgang höchst ungewiß. Schon zu Beginn des 15. Jahrhunderts hatten die Florentiner ja die Hafenstädte Pisa und Livorno erobert, so daß der für den Fernhandel wichtige Zugang zum Meer gesichert war. Cosimo kam es daher mehr darauf an, das Territorium der florentinischen Republik zu sichern, als es weiter auszubauen[45]. Die einzigen toskanischen Städte, die zu seiner Zeit politisch noch selbständig waren, waren Lucca und Siena. Siena war nach Florenz die zweitgrößte Stadt der Toskana und konnte seine Unabhängigkeit noch bis 1559 behaupten. In Richtung Westen waren die Florentiner weit nach Umbrien vorgedrungen, jedoch nicht bis zum Meer gekommen. Der Expansionstrieb des Papstes hatte sie gehindert. Der Kirchenstaat erstreckte sich inzwischen bis nach Bologna, so daß die Republik von Florenz sogar einen Teil ihrer nördlichen Grenze mit ihm gemeinsam hatte.

In Italien war es dem Adel im allgemeinen nicht gelungen, bedeutende Territorien zu bilden. So zerfiel Italien in konkurrierende Stadtstaaten. Im Laufe der Zeit reduzierte sich deren Zahl immer mehr, weil die großen Stadtrepubliken die kleinen schluckten und so immer größer wurden. Schließlich blieben als Machtsphären nördlich des Kirchenstaates die Territorien von Mailand, Venedig und Florenz. Im Süden lag der einzige echte Flächenstaat, das Königreich Neapel. Diese fünf Großmächte bestimmten die italienische Politik. 1454, ein Jahr nach dem Ende des Hundertjährigen Krieges und nach dem Fall von Konstantinopel, versuchten die fünf, den Status quo im Frieden von Lodi zu sanktionieren[46].

Cosimo de' Medici war ein einflußreicher und energischer Vertreter einer solchen Politik der »balance of power«, womit nichts anderes als eine Reservierung des aufzuteilenden Kuchens für die Mächtigsten gemeint ist. In der ersten Hälfte des 15. Jahrhunderts erschütterten besonders die Auseinandersetzungen um den Thron in Neapel das Kräftegleichgewicht in Italien. Alfons von Aragon und der Kondottiere Braccio unterstützten Johanna II. (1414-1435 Königin von Neapel). Ihnen gegenüber standen Ludwig bzw. René von Anjou und Muzio Sforza, der auf den moralischen Beistand des Papstes und – weit wichtiger – die Gelder der Medici rechnen konnte. Muzio Sforzas Sohn

Lorenzo de' Medici zwischen Angehörigen der Familie Sassetti, Ausschnitt aus einem Fresko von Ghirlandaio (1483/85)

Francesco war ebenfalls Kondottiere, kämpfte aber nicht für Neapel. Als Florenz den Versuch unternahm, Lucca zu erobern, stand Francesco Sforza in Diensten der Mailänder Visconti. Zu anderen Zeiten führte er auch Krieg im Auftrag von Florenz oder Venedig. Sein geschicktester Schachzug war aber zweifellos, die Tochter von Filippo Maria Visconti zu heiraten. Denn einen Sohn hatte der nicht, und so wurde er 1450 selbst Herzog von Mailand. Ein Jahr später schlossen die Florentiner einen Zehnjahresvertrag mit ihm ab; dies war eine »revolutionäre Umkehrung der Allianzen« [47].

Jahrzehntelang hatten Florenz und Venedig gemeinsam gegen die Großmachtträume der Visconti gekämpft. Jetzt traten die Florentiner an die Seite ihres Nachfolgers Francesco Sforza. Die treibende Kraft für diesen Wechsel war

Cosimo de' Medici gewesen. Die Expansion Venedigs bedrohte nach seiner Überzeugung die florentinische Stellung in Italien und darüberhinaus durch den Griff nach den Alpenpässen den Handel der Medici mit dem Norden. Der Beistandspakt mit Francesco Sforza sollte Schutz gegen die hegemonialen Bestrebungen Venedigs und Neapels bieten und helfen, das derzeitige Gleichgewicht, das vor allem durch französische und spanische Eroberungsgelüste mancherlei Bedrohung ausgesetzt war, zu erhalten. Die »balance of power« war Cosimos oberstes Kalkül. Als gewiefter Machtpolitiker schloß er Allianzen ausschließlich nach dem Gesichtspunkt der Zweckmäßigkeit. Das traditionelle Argument, das despotische Mailand bedrohe die *libertas Italiae*, die Freiheit, wie sie etwa in der florentinischen oder venezianischen Republik beheimatet sei, kümmerte ihn wenig. Im übrigen übte er nach innen wie nach außen die vielzitierte »weise Zurückhaltung«, nach dem Motto: So viel Freiheit wie möglich, so wenig Unterdrückung wie nötig. Das steigerte das Ansehen, minderte den Widerstand und mehrte den Profit.

Am 6. Juli 1439, fünf Jahre nach Cosimos Rückkehr, wurde im Dom von Florenz die Wiedervereinigung der römisch-katholischen und der griechisch-orthodoxen Kirche beschworen. Diese Union hatte die Not befohlen. Der byzantinische Kaiser Johannes VIII. suchte Hilfe gegen die Türken und Papst Eugen IV. trachtete nach einem Gegenschlag gegen das gleichzeitig in Basel tagende Konzil. Die neue Union war nicht von langer Dauer. Die von den Griechen erhoffte militärische Hilfe blieb aus. Die Union führte nicht zu einer Einigung der Kirche, sondern zu einer noch stärkeren Zersplitterung, denn die griechischen Orthodoxen zerstritten sich mit den russischen über die Frage der Annahme der Kompromißformel. Doch die Rechnung des Papstes ging auf. Er hatte das Reformkonzil in Basel (1431-1439) von Anfang an boykottiert und 1438 zu einem Gegenkonzil nach Ferrara gerufen, von wo sich das Konzil im folgenden Jahr nach Florenz vertagt hatte. Dorthin hatte Eugen IV. auch seine Residenz verlegen müssen, denn die Anstrengungen des Basler Konzils, ihn abzusetzen, hatten auch seinen Feinden in Rom Auftrieb gegeben. Doch ange-

Titelholzschnitt einer Ausgabe von Tanzliedern Lorenzo de' Medicis (zweite Hälfte 15. Jahrhundert)

sichts seiner entschlossenen Gegenwehr spaltete sich das Reformkonzil. Die Radikalen wählten einen Gegenpapst, Felix V. Es war der letzte Gegenpapst der Kirchengeschichte. Die Gemäßigten strebten nach einem Ausgleich mit Eugen IV. Ihr Sprecher war Nikolaus Cusanus. Cusanus war Jurist und Theologe, arbeitete an der Kalenderreform (bis zu deren Verwirklichung es allerdings noch 150 Jahre dauern sollte) und beschäftigte sich mit der Astronomie; sein bekanntester Schüler ist Kopernikus.

In seinen außen- und kirchenpolitischen Absichten war das päpstliche Gegenkonzil nicht recht erfolgreich gewesen. Aber es hatte eine Reihe von byzantinischen Gelehrten nach Italien gebracht und förderte so entscheidend die Rezeption der griechischen Antike durch die italienischen Humanisten. Unter denen, die nach Florenz kamen, war der Philologe und Philosoph Georgios Gemisthos Plethon (1355 - ca. 1450). Er war ein entschiedener Neuplatoniker und es gelang ihm, so großen Einfluß auf Cosimo de' Medici zu gewinnen, daß er ihn zur Stiftung einer Platonischen Akademie bestimmen konnte. Plethon träumte davon, das Griechenland Platons wiederaufstehen zu lassen, und in einer Akademie nach antikem Vorbild sah er einen Anfang. Bis die Gründung der Akademie realisiert werden konnte, sollte es allerdings noch 19 Jahre dauern. Als Lehrer berief Cosimo Marsilio Ficino (1433-1499).

Während sich bis in die erste Hälfte des 15. Jahrhunderts die Wiederentdeckung des Altertums fast völlig auf die lateinischen Klassiker beschränkt hatte, rückte durch die Neuplatoniker nun auch Griechenland wieder ins Blickfeld. Mit Manuel Chrysoloras hatte sich von 1397 bis 1400 auf Veranlassung Salutatis erstmals ein Griechischlehrer in Florenz aufgehalten, doch eine tiefergehende Beschäftigung mit Plato begann erst mit Ficino, der bald zum wichtigsten Vertreter des Neuplatonismus wurde. Ficino war der Sohn von Cosimos Leibarzt und wuchs im Hause der Medici auf. Er interessierte sich schon als Kind lebhaft für Philosophie und war »so sehr von seinem fieberhaften Studiereifer erfüllt, daß er eine Art lebendes Lexikon für antike Philosophie wurde«[48]. 1453 betraute Cosimo ihn mit der Übersetzung der Werke Platons ins Lateinische, an der er 30 Jahre lang arbeitete. Diese Übersetzung ist Ficinos wichtigstes Werk neben seiner »Theologia Platonica« (1474), in der er seine These von der Harmonie zwischen der christlichen Offenbarung und der Philosophie Platons entwickelte.

Ficino, mit dem die Metaphysik ihren Einzug in das Denken der italienischen Humanisten hielt, bewegte sich auf der Grenze zwischen Theologie und Philosophie, die er miteinander versöhnen wollte:

> »So liegt von vornherein ein asketischer Zug über den florentinischen Platonikern, der auf deren geringe Widerstandskraft gegen die Bußpredigten Savonarolas vorausdeutet.« [49]

Die Metaphysik Ficinos, die wieder auf abstraktes Philosophieren abzielt, steht im Widerspruch zu der »humanistischen grammatisch-philologischen Überlieferung« [50], wie sie etwa von Salutati, Leonardo Bruni oder Poliziano repräsentiert wird. Im Gegensatz zum Positivismus des Juristen Salutati [51], beginnt mit Ficino wieder ein Nachdenken über den *uomo universale,* eine abstrakte Philosophie des Seins.

Das Streben nach der Selbstverwirklichung des menschlichen Individuums, nach dem Salutati natürlich auch nur für wenige gefragt hatte, wurde, da es Konflikte in sich barg, verdrängt von der »Vorstellung einer versöhnbaren Welt« [52]. In die gleiche Richtung zielte die These von Nikolaus Cusanus, das Wesen Gottes bestehe im Zusammenfall, was wohl heißt: der Aufhebung, der Gegensätze (*coincidentia oppositorum*). Vielerorts tauchte im Neuplatonismus der Androgyne auf – vollkommen harmonisiertes Individuum und symbolisierter Klassenkompromiß. »Die Ideologie des Geldkapitals . . . (ist) gezwungen, in ihren apologetischen Bemühungen auf jede Sinndeutung der Gesellschaft zu verzichten« [53], nicht zuletzt auch, weil die innovatorische Dynamik des Handelskapitals im Italien des späteren 15. Jahrhunderts schon gebrochen ist.

Dies wird auch im Bereich der Ästhetik deutlich. Ein gutes Beispiel ist »Der Frühling« von Botticelli (heute in den Uffizien zu sehen). Die in der Florentiner Malerei des 15. Jahrhunderts bereits erreichte Perspektive ist wieder verloren gegangen; das Dargestellte ist aus dem Kontext der Realität gelöst. Das Bild hat keinen realen Hintergrund, die Bäume sind lediglich Kulisse. Der Dichter und Philologe

Poliziano (1454-1494), Freund und Schützling von Lorenzo de' Medici, lieferte mit seinen Gedichten die literarischen Vorlagen, auf die sich Botticellis Allegorien bezogen. Poliziano und Botticelli gehörten wie Lorenzo de' Medici zu den ständigen Teilnehmern am Gesprächskreis von Marsilio Ficino.

Als die Platonische Akademie gegründet wurde, war Cosimo de' Medici schon 70 Jahre alt; fünf Jahre später starb er. Über seinen Sohn Piero ist nur wenig zu berichten. Er brachte den größten Teil der kurzen Zeit seiner Herrschaft damit zu, die Position der Familie Medici in Florenz zu sichern, die natürlich durch den Tod des Vaters aufs Höchste gefährdet war. In der Zeit, die ihm blieb, bekämpfte er hauptsächlich seine Gicht, an der er 1469 starb.

Mediciwappen 1465 und 1373,
von den Kugeln (*palle*)
leitet sich die Losung
der Medicipartei ab

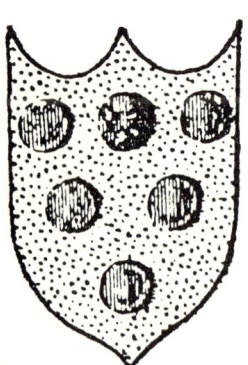

Lorenzo de' Medici und Savonarola

Einer der eifrigsten Teilnehmer bei den Veranstaltungen der Platonischen Akademie, die man sich nicht als Institution im formalen Sinne vorstellen darf, war der junge Lorenzo de' Medici. Einmal an die Macht gekommen, beschränkte er sich allerdings nicht auf akademisch feierliche Riten, wie sie z.B. jährlich am 27. November, dem Geburtstag Platons veranstaltet wurden. Lorenzo führte den Karneval in Florenz ein.

Das traditionelle Maskenfest, das am 1. Mai gefeiert wurde, transformierte Lorenzo in ein Kostümfest, dessen Höhepunkt ein großer Karnevalsumzug war. Dazu schrieb er Karnevalslieder (*canti carnascialeschi*), die auf den herkömmlichen Tanzliedern (*canti a ballo*) fußten und einen beträchtlichen Teil seines umfangreichen literarischen Werkes ausmachten[54]. Zu diesen Karnevalsliedern gehörten auch die *trionfi* und die *carri*, die die Funktion hatten, die Umzugswagen dem Publikum zu erläutern. Während bei den *trionfi* mythologische Themen im Vordergrund standen, waren die *carri* weniger elitäre, dafür umso obszönere Umzüge. Die Personen auf den Umzugswagen waren verkleidet als junge Mädchen und alte Schwatzbasen, als Eremiten, als Lumpenvolk, als alte Männer und junge Frauen oder sie verkörperten die Vertreter der verschiedenen Handwerke. In einer Stadt, wo die Zünfte jeglicher politischer Macht entkleidet waren, war es nur konsequent, die Berufskleidung ihrer Gewerbe als Faschingskostüme zu gebrauchen.

Lorenzo setzte großen Ehrgeiz in seine Karnevalsaktivitäten. Er schrieb nicht nur die notwendigen Lieder. Er sorgte auch dafür, daß die besten Künstler die Kostüme entwarfen und für die Aufführungen die besten Musiker engagiert wurden. Um die Authentizität der mythologischen Kostüme sicherzustellen, ließ er entsprechende wissenschaftliche Forschungen anstellen. Am berühmtesten wurde

Lorenzos *Trionfo di Bacco e d'Arianna* (der Triumphzug von Bacchus und Ariadne). Der Refrain dieses Gesanges wurde so populär, daß die italienischen Faschisten daraus ihre Nationalhymne formten[55]:

Quant' è bella giovanezza
Che si fugge tuttavia!
Chi vuol esser lieto, sia;
Di doman non c'è certezza.

(Wie schön ist die Jugend,
die uns dennoch flieht!
Wer fröhlich sein will, sei es;
Über das Morgen gibt es keine Gewißheit.)

Diese Zeilen waren »sozusagen das Programm und der Ausdruck des Geistes jener Epoche«[56].

Zweifellos kommen hier Sinnenfreude und die Hinwendung zum Diesseitigen, d.h. Gegenwärtigen zum Ausdruck. Aber das sollte uns nicht darüber hinwegtäuschen, daß Lorenzos Karneval doch eine recht elitäre Veranstaltung war. Mit seinen antiken Göttern, Nymphen und Dämonen war er in seinem Verständnis »beschränkt auf eine Elite, die ihn um des intellektuellen Genusses willen mochte«[57]. Nach 1530 entwickelte Cosimo I., Herzog der Toskana, geradezu ein System von Festen, die ein Ausdruck des »allgemeinen Wandels im 16. Jahrhundert (waren), dem in der Stadt der urbane Illusionismus korrespondiert«[58]. Die Natur hatte bei den Karnevalsumzügen – wie in Botticellis »Frühling« – keine reale, sondern eine ästhetische Funktion.

Das Ziel der auf Repräsentation und Spektakel angelegten mediceischen Feste war es, die im doppelten Sinne populären religiösen Feste zu verdrängen. Diese kirchlichen Prozessionen, Umzüge, Feiern usw. hatten in Florenz im 15. Jahrhundert ihre »große Zeit« gehabt[59]. Das wichtigste dieser Feste war das Johannisfest am 24. Juni. Wie in den römischen Saturnalien die Wintersonnenwende gefeiert worden war, so feierten die Germanen auch die Sommersonnenwende. Die christliche Kirche versuchte erst, das Fest auszurotten. Als sich dies als unmöglich erwies, feierte sie am gleichen Tag den Geburtstag von Johannes dem Täufer (daher Johannisfeuer, Johannistanz usw.).

Das Florentiner Johannisfest schildert uns Gorio Dati in seiner Geschichte der Stadt:

»Am Morgen des heiligen Johannes, wer auf die Piazza della Signoria geht, glaubt eine so triumphale und herrliche und wunderbare Sache zu sehen, daß kaum der Sinn dazu ihm genügt. Sind rings um den großen Platz hundert Türme, welche aus Gold zu sein scheinen, manche von Karren getragen, und manche von Trägern, und sie heißen *Ceri* [Wachskerzen], aus Holz, Papier und Wachs gemacht, mit Gold und mit Farben, und mit erhabenen Figuren, innen hohl, und innen sind Männer, welche jene Figuren beständig drehen und ringsherum kreisen lassen. Da sind Menschen zu Pferde darauf, fechtend, und dort Fußknechte mit Lanzen und manche mit langen, viereckigen Holzschilden, laufend, und einige davon sind Fräulein, die zur Lustbarkeit tanzen. Und es sind auf ihnen Tiere eingeschnitten und Vögel und verschiedene Sorten Bäume, Apfelbäume und lauter Sachen, die das Gesicht und das Herz erfreuen können.«[60]

Die von Florenz unterworfenen Städte waren durch Abordnungen vertreten. Die Wachskerzen, die wie goldene Türme aussahen, symbolisierten die Steuer auf die ältesten florentinischen Besitztümer. In der Reihenfolge ihrer Würde marschierten diese Kerzen zum Schluß in der Prozession zur Kirche San Giovanni, wo sie bis zum nächsten Johannisfest ihren Platz hatten.

Solche Festlichkeiten kann man noch heute in vielen italienischen Städten beobachten, mit historischen Kostümen im alten Ritus. In der Toskana ist das bekannteste der *Palio*, der zweimal im Jahr in Siena stattfindet; bei diesem Pferderennen sind alle 17 Quartiere vertreten. Diese Feste sind repräsentierte Geschichte, sie haben ein »Element von tableau vivant«[61]. Daneben gab es natürlich auch kleine Feste bei den einzelnen Pfarreien, die mehr den Charakter von Volksfesten hatten. Mit all diesen Traditionen hatten die Medici wenig im Sinn. Als bürgerliche Aufsteiger, denen es gelungen war, die Bahnen der oligarchischen Stadtverfassung zu verlassen, mußte es den Medici darum zu tun sein, die Stadt Florenz zur Kulisse für ihre ökonomischen, politischen und karnevalistischen Schauspiele zu degradieren. Die prächtigen Umzüge, die dem »Volk« vorgeführt wurden, waren die logische Entsprechung zu seiner unbedingten Beherrschung durch die Familie der Medici. Drei Funktionen vereinigten sich in ihr:

– Herrschaft, Unterdrückung und Ausbeutung
– Administration und Repräsentation
– Volksbelustigung als Entschädigung für die Mühen des Alltags.

Der, wenngleich zeitlich limitierte, Ausbruch an Lebens-
freude und Ausgelassenheit war natürlich auch eine wesent-
liche Qualität des mediceischen Karnevals. Dies war es,
wogegen Savonarola zu Felde zog. Er sah im Karneval die
von ihm allzeit bekämpfte Sinnlichkeit, die Leiblichkeit und
Daseinsfreude und zugleich auch eine Manifestation des
von ihm beklagten Verfalls der Sitten und der Moral. Dies
Element der Sinnlichkeit hatte der italienische Karneval
zweifellos mit dem deutschen gemeinsam, wenn es dort auch
viel unmittelbarer zum Ausdruck kam.

Der Ursprung des Karnevals (im Süden als Fasching bezeichnet) war die Fastnacht (Fasenacht), die Nacht vor dem
Aschermittwoch. Diese Nacht sollte mit ihrer Ausgelassenheit für das folgende Fasten entschädigen. In den katholischen Ländern wurde der Karneval nach und nach ausgedehnt; statt nur eine Nacht lang wurde er schließlich die
ganze Zeit seit dem 7. Januar gefeiert (heute sogar seit dem
11. November des Vorjahres, ab 11 Uhr 11). In Deutschland waren die hauptsächlichen Karnevalsgegenden im
Süden und am Rhein. Durch die protestantische Reformation wurde er dann fast völlig unterdrückt. Luther lehnte
den Karneval ebenso ab wie das Fasten, nach dem puritani-
schen Motto: Wer sich das ganze Jahr mäßigt, braucht nicht
zu fasten[62]. Erst im 19. Jahrhundert wurde der Karneval
wieder erneuert (in Köln 1823). Der »Feiertag der Narren«,
der am 1. Januar gefeiert worden war, blieb vergessen; das
heute übliche Sylvesterfest am 31. Dezember ist nur ein
schwächlicher Abglanz. Der »Feiertag der Narren«[63] war
die direkteste Herausforderung an die Kirche gewesen.
Karnevalspriester, -bischöfe und -päpste waren gewählt
worden und satirische Gottesdienste wurden gefeiert. Das
Konzil von Basel 1431 hatte das Fest erstmals verdammt,
doch seine Unterdrückung gelang erst den humorlosen Pro-
testanten der Reformation[64].

In den bürgerlichen Städten, zunächst vor allem in Nürnberg, bildete sich eine eigene Literaturgattung aus, das Fastnachtsspiel. Das Stadtbürgertum hatte »bis ins 15. Jahrhundert hinein noch fast keine eigenen standesgebundenen
Repräsentationsformen ausgebildet, die nicht von der
Kirche bestimmt waren«[65]. So ist das Fastnachtsspiel in

Lorenzo de' Medici, erdachtes Portrait von Bronzino (Anfang 16. Jahrhundert)

Deutschland auch die früheste Form weltlicher Dramatik. Während Lorenzos Karneval demonstrative Festlichkeit mit maximaler Prachtentfaltung war, die die politische Potenz des Herrschers unter Beweis stellen sollte, feierte hier die Bevölkerung der reichsfreien Städte sich selbst im »bürgerlichen Straßentreiben . . . , bei dem es an Verspottungen des kirchlichen Kultes sowie der Mönche und Beginen nicht gefehlt zu haben scheint«[66]. In Deutschland gelang es den Höfen erst im Absolutismus, die karnevalistischen Maskeraden zu usurpieren.

Der kultische Kern des Karnevals war zweifellos der Kampf des Sommers gegen den Winter, der häufig durch »wilde Männer« verkörpert wurde. Dies hatte der Karneval mit den alten heidnischen Sonnwendfeiern gemeinsam und ähnliches findet sich bei den römischen Saturnalien. Die Saturnalien, ursprünglich ein altlatinisches Saatfest, waren das Hauptfest des römischen Kalenders. Es wurde zunächst nur am 17. Dezember, in der Zeit der Republik bis zum 23. Dezember gefeiert. Saturn war ein Bauerngott, unter dessen Herrschaft die Menschen in einem natürlichen Zustand von Freiheit und Gleichheit gelebt hatten. Dieser Herrschaft wurde bei den Saturnalien gedacht. Eines der drei vom römischen Senat veranstalteten Feste war ein Karneval[67].

Nach dem ptolemäischen Weltbild wanderte die Sonne um die Erde. Am Ende ihrer Wanderung angekommen, mußte sie umkehren (daher das Wort Sonnenwende) und blieb dabei einen Moment stehen:

»Die Zeit, die sonst kontinuierlich bewegliche, ließ eine Lücke für die Zeitlosigkeit. Es eröffneten sich Möglichkeiten, nicht nur für aus der Weltordnung ausgeschlossene Geister, sondern auch für die Menschen: Möglichkeiten der Überwindung der Tiefe besonders zur Zeit der Wintersonnenwende.«[68]

Chronos, der Gott der Zeit, war vor Zeus nach Latium geflohen und hatte sich in Saturn verwandelt. Der römische Karneval war eine »kleine Zeitinsel«[69], in der sich eine soziale Utopie manifestierte. Alle öffentlichen Geschäfte und alle Arbeiten ruhten, den Gefangenen wurden die Ketten abgenommen, die Sklaven wurden von ihren Herren bedient. Diesen utopischen Charakter weist auch der mittelalterliche Karneval auf. Durch die Maske verläßt der Mensch seine alltägliche Rolle. Die Maske macht Alte zu Jungen, Männer zu Frauen, Beherrschte zu Herrschern. »Der Mensch gibt seinen sonst unterdrückten Trieben freie Bahn, aber nur innerhalb der Ebene des Spiels«[70], das zu einem vorbestimmten Zeitpunkt sein Ende hat.

Während der Karneval »ein Schauspiel ohne Rampe, ohne Polarisierung der Teilnehmer in Akteure und Zuschauer«[71] ist, setzte sich in Italien schon frühzeitig die »höfisch-festliche Kultur der Maskerade«[72] durch. Der Karneval wurde nicht mehr gelebt, sondern nur noch bestaunt. Diese Distanzierung des »Volkes« von den Handlungen manifestierte sich in Deutschland in dieser Schärfe erst im barocken Fest. Am stärksten entwickelte sich der italienische Karneval in Rom und Venedig. Es wurden Tierhetzen, Herkulesspiele und Feuerwerke veranstaltet. Angefangen hatte es damit, daß man sich mit Blumen und mit *confetti* bewarf. So wurden die kleinen Süßigkeiten genannt (daher das deutsche Wort »Konfekt«), die später durch Gipskügelchen ersetzt wurden; heute sind an ihre Stelle maschinell hergestellte Papierschnitzel getreten.

In dieser Tradition, die den Karneval seiner ursprünglich wildwüchsigen und populären Form entkleidete, steht Lorenzo de' Medici. Nicht spielerische Utopie war sein Ziel, sondern benebelnde Belustigung. Dennoch haben wir allen Grund anzunehmen, daß der Karneval einer der Hauptgründe für Savonarolas nie versiegenden Haß gegen Lorenzo de' Medici war. Bei der »Verbrennung der Eitelkeiten« 1497 sollte eine Karikatur des Karnevals den Scheiterhaufen krönen.

Weit weniger Interesse als dem Karneval brachte Lorenzo der ererbten Medici-Bank entgegen. Er lebte gut vom väterlichen Erbe, kümmerte sich aber nur wenig um den Gang der Geschäfte. 1494, zwei Jahre nach Lorenzos Tod, als die Medici aus Florenz vertrieben wurden, wurde auch die Bank geschlossen. Doch sie hatte sich ohnehin schon »am Rande des Bankrotts«[73] befunden; ihre Auflösung wurde kaum noch bemerkt. Lorenzo de' Medici war ein Renaissancefürst. Vom Hofhalten und Repräsentieren verstand er viel, wenig dagegen von den Tugenden des Kaufmanns, dem Haushalten und der Buchführung. In ihm brachen sich zwei historische Linien: die für die nächsten 200 Jahre absteigende des akkumulierenden Kaufmanns und die aufsteigende des ostentativ konsumierenden Herrschers. Im Gegensatz zu seinem Großvater Cosimo, der sich 1434 auf Umwegen in die Stadt hatte bringen lassen, um der jubelnden Menge auszuweichen, liebte er den Pomp; nicht zufällig wurde er von den Zeitgenossen »der Prächtige« genannt [74]. Auch in der politischen Arena übte Lorenzo nicht die »weise Zurückhaltung«, die seinen Großvater ausgezeichnet hatte. Mit Ausnahme der *Signoria* gehörte er im Laufe der Zeit sämtlichen politischen Gremien an, die für die Stadtpolitik wichtig waren. Besonders gern ließ er sich zum *accoppiatore* wählen. Die *accoppiatori* hatten über das passive Wahlrecht zu bestimmen, d.h. nur wer von ihnen zugelassen wurde, kam in einen der Wahlbeutel, aus denen die Amtsträger ausgelost wurden. Ihnen kam somit eine Schlüsselfunktion zu. Mit 17 Jahren, lange also, bevor er das eigentlich notwendige Alter von 35 erreicht hatte, wurde Lorenzo mit Hilfe einer speziellen Erlaubnis in den Rat der Hundert gewählt. Und noch im Februar 1492, zwei Monate vor seinem Tode, wurde er zum letzten Mal als *accoppiatore* nominiert. Doch dies alles genügte ihm noch nicht. Darüberhinaus nahm er auch direkt Einfluß auf die Zusammensetzung der wichtigsten Gremien. Als z.B. 1471 ein Ausschuß mit 40 Mitgliedern zu wählen war, schrieb der mailändische Botschafter an seinen Herrn Galeazzo Maria Sforza:

»Daß sie alle auf unserer Seite sein werden, könnt Ihr aus der beigefügten Liste der Namen sehen, die Lorenzo abgefaßt hat.« [75]

Diese Schilderung mag übertrieben sein, sie zeigt aber doch, zumal ähnliches über andere Wahlen gesagt wurde, wie weit sich Lorenzo in persönliche Interventionen verstrickt hatte. Lorenzos Eindruck, daß er ständig um die Sicherung seiner Herrschaft besorgt sein müsse, wurde noch durch das Ereignis bestärkt, das die Herrschaft der Medici vor ihrem Sturz 1494 am ernsthaftesten in Frage stellen sollte: die Pazziverschwörung. Die Pazzi, eine alte ghibellinische Familie, waren in der Vergangenheit die ewigen Zweiten nach den Medici gewesen. Beim Krieg gegen Lucca seit 1430 waren sie die zweitgrößten Kreditgeber gewesen, sie hatten die zweitgrößte Bank und der Catasto von 1457 wies sie als die zweitreichste Familie aus [76]. 1473 bot sich den Pazzi endlich die Gelegenheit, den Medici eins auszuwischen. Galeazzo Maria Sforza bot die Stadt Imola (zwischen Bologna und Faenza gelegen) dem Papst für 40.000 Dukaten zum Kauf an. Sixtus IV. hatte natürlich Schwierigkeiten, diese Summe aufzubringen; er wandte sich an seine Bank, die römische Niederlassung der Medici. Doch Lorenzo de' Medici war diese territoriale Expansion des Kirchenstaates höchst unsympathisch. Die Florentiner hatten erst wenige Jahre zuvor Imola an Mailand verkauft, unter der ausdrücklichen Bedingung, die Stadt nicht an den Papst weiterzuverkaufen. Die Medici hintertrieben daher den Erwerb Imolas durch den Papst. An ihrer Stelle erboten sich die Pazzi, eine entsprechende Summe zur Verfügung zu stellen. Gleichzeitig teilten sie dem Papst mit, die Medici hätten ihnen von diesem Geschäft abgeraten. Dies erboste Sixtus IV. so sehr, daß er die alte Geschäftsverbindung suspendierte und stattdessen die Pazzi zu seinen Hofbankiers machte. Galeazzo Maria Sforza finanzierte vom Verkaufserlös die Hochzeit seiner elfjährigen Tochter Caterina mit Girolamo Riario, einem Neffen von Sixtus IV.

Sixtus IV. war ein Papst, der das übliche Maß an Nepotismus und Ämterkauf ins Extrem zu steigern wußte. Er hatte die Familien von zwei Brüdern und vier Schwestern mit Pfründen zu versorgen. Unter anderem ernannte er nicht weniger als fünf seiner Neffen zu Kardinälen, von denen einer später selbst Papst wurde. Einer dieser Neffen war Piero Riario; er erhielt das Patriarchat von Konstantinopel und vier Bistümer, darunter auch das Erzbistum von Florenz. Sein Jahreseinkommen betrug fast zweieinhalb Millionen Florin. Davon konnte er sich so viele Mätressen halten, daß er schon mit 28 Jahren an Erschöpfung starb. An seine Stelle trat sein Bruder Girolamo Riario, der von Beruf Grünkramhändler war. Girolamo war besonders ehrgeizig und wollte, von dem vor wenigen Jahren gekauften Imola aus, ein selbständiges Fürstentum errichten. Dieses Unterfangen führte 1482 zu dem schon erwähnten Krieg von Ferrara, der Savonarola erstmals nach Florenz führte. Der Papst und

Venedig hatten Ferrara angegriffen, das auf eindringliches Zureden des florentinischen Gesandten Widerstand leistete. Die Dominikaner »wollten ihren damals sehr angesehenen Convento degli Angeli nicht der Plünderung und Verwüstung preisgeben; die Brüder wurden unter die benachbarten Provinzen verteilt«[77].

Girolamo Riario und der Papst gehörten auch zu denen, die die Verschwörung der Pazzi nachdrücklich förderten. Der Mailänder Galeazzo Maria Sforza, der ein potentieller Verbündeter gewesen wäre, fiel 1476 selbst einem Attentat zum Opfer. Die Anführer des Unternehmens, das darauf abzielte die Mediciherrschaft in Florenz zu stürzen, waren Francesco Pazzi und sein Onkel Jacopo sowie Francesco Salviati, der Erzbischof von Pisa. Salviati hatte erst Erzbischof von Florenz werden sollen; als Lorenzo de' Medici dagegen Einspruch erhob, wurde er mit dem Pisaner Bischofsstuhl entschädigt. Zuerst war geplant, Lorenzo de' Medici und seinen Bruder Giuliano bei einem Gastmahl umzubringen; dieser Plan wurde aber wieder verworfen. Nachdem die Verschwörer sich der Unterstützung des päpstlichen Söldnerführers Montesecco versichert hatten, war es dann so weit. Man einigte sich darauf, die beiden Medici im Dom zu ermorden. Äußerer Anlaß war ein Hochamt zu Ehren eines Neffen von Girolamo Riario, der, obschon erst 16 Jahre alt, bereits das Amt eines Kardinals bekleidete. Der Apotheker Luca Landucci vermerkte das Ereignis natürlich in seinem Tagebuch:

»Und am 26. April 1478, etwa um 15 Uhr, in Santa Maria del Fiore, als man das Hochamt feierte, und der Geistliche den Leib des Herrn erhob, wurden Giuliano di Piero di Cosimo de' Medici und Francesco Nori ermordet, beim Chor der genannten Kirche, in der Gegend des Tores, das zur Via dei Servi führt; und Lorenzo de' Medici wurde am Hals verwundet und hatte keinen weiteren Schaden.«[78]

Ebensowenig wie Lorenzos Ermordung gelang der Sturm auf den Palazzo Vecchio. Die Verschwörung scheiterte. Die Verschwörer wurden entweder von den Anhängern der Medici ermordet und zerstückelt oder von der *Signoria* hingerichtet. Ihre Leichen wurden vor dem Palazzo Vecchio aufgehängt. Als die Leichen zu stinken begannen, ließ die *Signoria* sie abnehmen und erteilte den Auftrag, sie dafür zur Abschreckung auf den Palazzo zu malen, mit dem Kopf nach unten, wie es sich für Verräter gehörte. Die Ausführung dieses Auftrages übernahm der Maler Botticelli. Sixtus IV. war wütend, als er von der Niederlage der Pazzi erfuhr, deren Familie fast vollzählig am Galgen endete. Der Traum des Papstes, ganz Mittelitalien in seine Hand zu bringen, war ausgeträumt. Aus Rache verhängte er über Lorenzo de' Medici wenigstens das Interdikt.

Die Florentiner *Signoria* weigerte sich natürlich, Lorenzo in die Verbannung zu schicken, wie es der Papst gefordert hatte. Vielmehr gingen die Florentiner zum Gegenangriff über. Sie vervielfältigten die Dokumente, aus denen die Hintergründe der Verschwörung deutlich wurden, einschließlich des Geständnisses des päpstlichen Söldnerführers Montesecco, und verschickten sie an die europäischen Herrscherhäuser. Sixtus IV. bereitete sich inzwischen darauf vor, in der Toskana, deren Geistlichkeit sich auch hinter Lorenzo de' Medici gestellt hatte, militärisch zu intervenieren. Er rüstete zusammen mit König Ferdinand von Neapel zwei Heere aus, die im Juli 1478 in die Toskana einmarschierten. Auf der anderen Seite hatten fast alle norditalienischen Städte, allen voran Mailand und Venedig, ihre Unterstützung für Florenz erklärt, denn an einem Sieg des Papstes konnte ihnen nicht gelegen sein. Die Städte rüsteten ein gemeinsames Heer aus, dessen Leitung Herzog Ercole von Ferrara übernahm. Die militärische Lage war dennoch, trotz anfänglicher Erfolge, nach einer Weile nicht allzu günstig für Florenz. Lorenzo de' Medici entschloß sich deshalb, selbst nach Neapel zu reisen; nach zweimonatigen Verhandlungen brachte er tatsächlich einen Friedensvertrag mit König Ferdinand zustande. Einmal mehr war der Papst der Dumme. Botticelli nahm den Frieden zum Anlaß, ein Bild zu malen, auf dem Pallas Athene einen Kentaur zähmt, wobei diese Figuren Florenz und Rom symbolisieren [79] (heute in den Uffizien).

Der Vertrag mit Neapel hatte zwar Lorenzo gerettet, der vorausgegangene Krieg hatte aber die Verschuldung des florentinischen Staates weiter anwachsen lassen. Allein für das Jahr 1479 war den Behörden auferlegt worden, Steuern in einer Höhe von 367.450 Florin einzutreiben [80]. Dies war die höchste Jahresrate im ganzen 15. Jahrhundert. Das

System der Staatsverschuldung durch Anleihen war bis an die Grenzen seiner Leistungsfähigkeit strapaziert worden. Der schon beim Krieg gegen Lucca beobachtete Prozeß einer Vermögensumverteilung zugunsten einer kleinen Oberschicht hatte sich weiter fortgesetzt. Für die Finanzierung des Krieges mit dem Papst mußte natürlich ein politischer Preis bezahlt werden. Die Kontrolle der finanzpolitischen Administration, d.h. der *Ufficiali del Monte,* die die Staatsanleihen verwalteten, und der anderen Finanzbeamten wurde endgültig aus den Händen der alten kommunalen Räte genommen. Die reichen Oligarchen, die die Stadt mit ihren Krediten versorgten, hatten sich auch in die Finanzausschüsse hineinwählen lassen und sicherten sich nun zu allem Überfluß noch deren Kontrolle. So konnten sie gänzlich ungehindert in die eigene Tasche wirtschaften.

Nur ein Jahr nach dem Friedensschluß mit Florenz, ging der Papst gegen Ferrara vor, und ein neuer Krieg war die Folge. Zwischen 1482 und 1487 wurden neue Staatsanleihen für 818.000 Florin ausgegeben[81]. Der Zinssatz betrug 16%, d.h. die Stadt mußte mehr als 130.000 Florin im Jahr nur zur Verzinsung dieser Papiere aufbringen. Das war mehr als die Hälfte der gesamten Einkünfte aus den Verbrauchssteuern. Es war also dahin gekommen, daß der Mann auf der Straße überwiegend nur noch deshalb zur Kasse gebeten wurde, damit die Stadt sein Geld unverzüglich den reichen Kreditgebern in den Rachen werfen konnte. Dies ist der Hintergrund für die Verfassungsreform des Jahres 1480, die natürlich auch als Reaktion auf die Pazziverschwörung zu sehen ist.

Schon 1458 war von Cosimo de' Medici ein neues Gremium geschaffen worden, der *Consiglio dei Cento* (Rat der Hundert). Dieser Rat hatte viele Kompetenzen usurpiert, die in der vormediceischen Stadtverfassung die beiden Räte innegehabt hatten, die zusammen das Stadtparlament ausmachten. Der Rat der Hundert war wegen seiner relativen Kleinheit viel besser zu kontrollieren als die bisherigen Räte. Nun, im Jahre 1480, wurde noch der *Consiglio dei Settanta* (Rat der Siebzig) gebildet, dem überdies noch zwei Kommissionen zur Seite gestellt wurden: die *Otto di Pratica* und die zwölf Prokuratoren. Von den Siebzig amtierte

Titelholzschnitt einer Sammlung von Briefen Pulcis an Lorenzo de' Medici
(1481)

immer je die Hälfte zwei Monate lang. Sie wählten die *Signoria*, die das eigentliche Exekutivorgan war. Die *Otto di Pratica* waren für Kriegführung und Außenpolitik zuständig; die Prokuratoren kümmerten sich um Finanzen, Handel und Gewerbe und See- und Hafenangelegenheiten (Pisa war seit 1406 florentinisch).

Damit war die Beseitigung der florentinischen Demokratie, soweit es sie je gegeben hatte, vollständig. Alamanno Rinuccini, selbst kein politischer Außenseiter, stellte fest, daß die neue Verfassung »viele höchst schändliche Teile enthielt und daß sie alle gegen ein gutes Leben waren und gegen die Freiheit des Volkes, die mir an diesem Tage völlig beerdigt schien« [82]. Damit war der Prozeß, der 1434 begonnen hatte, abgeschlossen. Aus einer Stadtverfassung, die wenigstens der Ober- und Mittelschicht politischen Einfluß gewährte (soweit sie männlichen Geschlechts war), war die unbedingte Herrschaft einer Familie hervorgegangen. Aus der Reihe der großen Bankiers und Kaufleute hatte sich einer emporgeschwungen und alle anderen seiner Botmäßigkeit unterworfen. Die bedeutendsten Schriftsteller der damaligen Zeit mußten es sich angelegen sein lassen, im Hause der Medici zu verkehren. Ghirlandaio und Botticelli mußten sich glücklich schätzen, von ihnen Aufträge zu erhalten. Und Michelangelo wurde bemüht, für Lorenzo de' Medici und seinen Bruder Giuliano ein würdiges Grabmal zu schaffen (in der Neuen Sakristei von San Lorenzo). Etwa 300.000 Menschen (so viele Einwohner hatte die Republik von Florenz) mußten ihren Beitrag leisten, damit eine einzige Familie sich rückhaltlos ausleben konnte.

Verfassungsreform

Lorenzo de' Medici starb, nur 43 Jahre alt, im Jahre 1492; im selben Jahr, als sein Landsmann Cristoforo Colombo, auf der Suche nach dem Seeweg nach Indien, mit drei Karavellen auf den Bahamas landete. Mit dieser Entdeckung der »Neuen Welt« begann der langfristige ökonomische Niedergang Italiens, das dadurch als Handelsnation entscheidend an Bedeutung verlor.

Lorenzo hinterließ sieben Kinder, darunter allerdings vier Töchter, die für das politische Kalkül nur als Heiratsgut eine Bedeutung hatten. Der jüngste Sohn, Giuliano, war erst 13 und kam als Nachfolger ebenfalls nicht infrage; er wurde später »unauffällig« [83] mit der Schwester des Königs von Frankreich verheiratet. Der zweitälteste, Giovanni, war Kardinal, er wurde 1513 als Leo X. der erste der Medicipäpste. Übrig blieb Piero, der nach Lorenzos Tod in dessen Fußstapfen trat oder es doch wenigstens versuchte. Er bekam von den Zeitgenossen den Beinamen *lo Sfortunato*, zu deutsch: der Pechvogel. Als Piero aus Florenz vertrieben worden war, begab er sich – wie sein Vater – nach Neapel. Doch auch dort bewies er wenig Geschick. Als er mit seinen französischen Hilfstruppen überfallen wurde, fiel er bei der Flucht in einen Fluß und ertrank. Doch so weit sind wir noch nicht.

Lorenzo de' Medici, der selbst mit Clarice Orsini verheiratet war, hatte seinen Sohn Piero ebenfalls mit einer Angehörigen dieses römischen Fürstengeschlechts verehelicht. Doch den Beziehungen zum Vatikan half das nicht recht auf, und Pieros Beliebtheit in Florenz erhöhte es ohnehin nicht. Der alte Feind der Medici, Sixtus IV., war 1484 gestorben, was zu einer Entspannung der Situation geführt hatte. Mit Papst Innozenz VIII. konnte Lorenzo de' Medici ein Auskommen finden. Er verheiratete seine Tochter Maddalena mit Innozenz' Sohn Franceschetto; die Hochzeit wurde im Vatikan prunkvoll gefeiert. Innozenz verlieh auch Lorenzos 14jährigem Sohn Giovanni die Kardinalswürde. Doch Innozenz starb wie Lorenzo im Jahre 1492. Und sein Nachfolger vollbrachte etwas, das niemand für möglich gehalten hätte. Er übertraf alle seine Vorgänger noch bei weitem an Skrupellosigkeit, eine Eigenschaft, durch die sich auch seine zahlreichen Nachkommen auszeichneten. Ein Annalist schrieb, ein Mann wie er »wäre in der alten Kirche nicht einmal zur niedrigsten Klerikerstufe zugelassen worden« [84]. In der Tat begann er seine Karriere gleich als Kardinaldiakon; diese Würde hatte ihm sein Onkel, Papst Kalixt III., verliehen. Es ist von dem Spanier Rodrigo de Borja (italienisch: Borgia) die Rede; als Papst nannte er sich Alexander VI.

Als der schon erwähnte Cristoforo Colombo 1493 von seiner Schiffsreise zurückkehrte, entstand sofort ein Streit zwischen Spanien und Portugal über die neuen Gebiete, den Alexander VI. durch die Festsetzung einer Demarkationslinie entschied. Alexander soll das erste aus Amerika gekommene Gold dazu verwendet haben, die von Onkel Kalixt begonnene Kassettendecke in Santa Maria Maggiore zu vollenden. An Pinturicchio und Michelangelo vergab er Aufträge und die Engelsburg ließ er umbauen. Aber seine beiden wichtigsten Anliegen waren stets: die Versorgung seiner Familie und die Befriedigung seines Geschlechtstriebs. Im vorletzten Jahr seines Pontifikats veranstaltete er an Allerheiligen ein Ballett mit 50 ausgesuchten Kurtisanen. Wie durch ein Wunder entging Alexander der Syphilis, die sich nach der Entdeckung Amerikas rasend schnell ausbreitete [85] und die auch Alexanders Sohn Cesare Borgia ergriff. Die Opposition gegen den Papst sammelte sich um den Kardinal Giuliano della Rovere (er wurde später selbst Papst), der 1494 an den französischen Hof floh. Der König von Frankreich erhob Anspruch auf Neapel, dessen König seine Tochter Sanzia mit einem Sohn Alexanders verheiratet hatte. Als Karl VIII. zur Durchsetzung seiner Anprüche ein Heer ausrüstete, in Italien einmarschierte und im Handstreich Rom einnahm, mußte dies Piero de' Medici in die größte Aufregung versetzen. Wenige Tage zuvor war Ferdinand von Neapel gestorben, was die Situation als noch komplizierter erscheinen ließ. Savonarolas ständiges Predigen von einem »neuen Kyros« schien sich in Karl VIII. zu

Piero di Lorenzo de' Medici,
Portrait von Bronzino
(Anfang 16. Jahrhundert)

erfüllen, was den Glauben an seine prophetischen Fähigkeiten noch anwachsen ließ.

Piero wußte nicht recht, was er tun sollte, verweigerte aber doch den Franzosen den Durchzug. Daraufhin ließ Karl VIII. die florentinischen Gesandten aus Frankreich ausweisen und die Niederlassung der Medici-Bank in Lyon schließen. Er wollte den Eindruck erwecken, sein Vorgehen richte sich nicht gegen Florenz, sondern nur gegen die Medici, deren angeschlagene Position dadurch natürlich weiter geschwächt wurde. Schließlich, als nichts passierte, ließ Karl die florentinische Festung Sarzana (in der Nähe von La Spezia) angreifen, die bald erobert war. Die Belagerung hatte Piero nicht angefochten:

»Trotz sehr großer Gefahren für die Stadt und auch für sich selbst, hatte er den ganzen Tag auf der Straße verbracht und in der Öffentlichkeit Ball gespielt.«[86]

Doch als Piero vom Fall der Festung erfuhr, verlor er völlig den Kopf. Er hatte sich immer für Ringen und Boxen interessiert, aber nie für Diplomatie oder Politik. Nun suchte er es seinem Vater gleichzutun und ging ins Hauptquartier des Gegners. Doch dort beugte er sich ohne Zögern jeder Forderung. Er gab die Festungen Sarzana, Sarzanella und

Pietrasanta preis. Die Städte Pisa und Livorno sollte Karl als Pfand bis zur Beendigung seines Feldzuges erhalten, den Florenz mit 200.000 Florin unterstützen sollte. Dies alles rief größten Unmut bei den Florentinern hervor. Dieser Unmut steigerte sich noch, als die Franzosen begannen, in der Stadt zahlreiche Häuser für Einquartierungen zu beschlagnahmen. Nachdem der Herr der Stadt so offenkundig versagt hatte, benannte der Kanzler eine Fünferkommission für Verhandlungen mit Karl. Eines ihrer Mitglieder würdigt Landucci besonders:

»Und am 5. November 1494 ernannte man hier fünf Gesandte, von welchen einer Fra Girolamo war, Prediger vom Orden des hl. Dominicus, Bewohner von San Marco, dem Vaterland nach ein Ferrarese, von dem wir glauben, er sei ein Prophet, und er leugnet es nicht in seinen Predigten, sondern sagt immer »im Auftrag Gottes«, und er weissagt viele Dinge. Der zweite war Tanai de' Nerli, der dritte war Pandolfo Rucellai, der vierte war Giovanni Cavalcanti, der fünfte war Piero Soderini, alles Bürger von Florenz. Und sie gingen am 6. November zum König von Frankreich, der sich in Pisa befand.«[87]

Diese Delegation wurde mit einem Geleitbrief an König Karl und einem Instruktionsschreiben ausgestattet. In letzterem hieß es:

»Nachdem ihr den Geleitbrief vorgezeigt und die üblichen Höflichkeitsfloskeln hinter euch gebracht habt, kommt ihr zur Sache und bemüht euch, alle seine annehmbaren Forderungen zu erfüllen, soweit euch das für unsere Stadt möglich erscheint. Wir geben euch in dieser Sache unbegrenzte und absolute Vollmacht, zu tun und zu sagen, was euch nötig erscheint für das Wohl dieser Stadt.«[88]

Am 8. November kehrte Piero von König Karl nach Florenz zurück und war ernsthaft überrascht, daß die *Signoria* seinen Bericht ohne jede Begeisterung aufnahm. Die Franzosen begannen inzwischen, sich in der Stadt einzurichten. Piero ahnte noch immer nichts. In seinem Palast angekommen, »warf er Konfetti hinaus und spendete dem Volk ziemlich viel Wein, um es sich gut gesinnt zu machen«[89]. Doch das half nichts mehr. Am nächsten Morgen, als er beim Palazzo Vecchio ankam, bedeutete man ihm, er solle allein und unbewaffnet durch eine Seitentür hereinkommen. Doch selbst Piero begriff, was das bedeutete und er machte wieder kehrt:

Karl VIII. von Frankreich,
Miniatur aus einem
Gebetbuch (Ende
15. Jahrhundert)

»Etwa um 20 Uhr, als man zur Vesper läutete, wollte Piero de'
Medici zur *Signoria* nach dem Palaste gehen und wollte seine bewaffneten Knechte mitnehmen. Und da die *Signoria* ihn nicht empfangen wollte, es sei denn ohne Waffen, so mochte er nicht alleine
hineingehen und kehrte um. Dann aber kam er doch auf die Piazza
zurück. Indessen begannen sich dort Leute zu sammeln, und bald
darauf fing man an, im Palast *Popolo e libertà* (Volk und Freiheit) zu
schreien und zum Parlament zu läuten und auch aus den Fenstern
Popolo e libertà zu rufen. Und keine Stunde verging, so waren die
Bannerträger aller Stadtviertel und alle Bürger auf dem Platz. Es
war die Piazza ganz voller Waffen, mit ungeheuerem Geschrei
Popolo e libertà. Und obwohl man im Volk nicht begriff, was soviel
Aufruhr bedeuten sollte, gingen zum Hause des Piero de' Medici
nicht viele Leute. Einige Bürger gingen hin und bekleideten sich
auch mit ihrer Rüstung, nebst vielen Fußknechten, die Piero her-
beibefohlen hatte, und zogen auf die Straße vor sein Tor und riefen
Palle (die Losung der Medici). Und Piero stieg zu Pferd, um mit
seinen Leuten auf die Piazza zu reiten, und mehrere Male setzte er
sich in Bewegung und dann stand er still. Ich glaube, er sah sich nicht
von allzuvielen Bürgern begleitet, und es mußte ihm auch gesagt
worden sein, daß die Piazza voll bewaffneter Bürger sei. Und in-

59

dessen verließ der Kardinal, sein Bruder, das Haus, mit vielem Fuß-
volk und mit jenen Bürgern, die sich dort befanden, und kam den
Corso herab, *Popolo e libertà* rufend, wie die anderen, indem er
zeigen wollte, daß er sich von Piero trenne. Und als Wirkung wendete sich die Piazza wider ihn, ihm die Spitzen der Waffen weisend,
und mit großem Geschrei; nannten ihn Verräter und wollten ihn
nicht annehmen. Er kehrte wieder um, nicht ohne Gefahr. Und
augenblicklich erging ein Befehl, jeder Fremde solle die Waffen
niederlegen, bei Strafe des Galgens . . . Und da sahst du Piero de'
Medici wohl von manchen verlassen, die die Waffen niederlegten.
Dieser ging nach der einen Seite, und jener nach der anderen, so
daß er selbst mit wenigen zurückblieb. Weshalb besagter Piero die
Piazza verließ und sich gegen die Porta a San Gallo begab, welches
Tor er von Giuliano, seinem Bruder, nebst vielen Knechten von
außen hatte offen halten lassen. ... Der arme Kardinal, so jung, blieb
daheim, und ich sah ihn an seinem Fenster, mit gefalteten Händen
auf den Knien liegen, um sich Gott zu empfehlen. ... Und da er Piero
die Stadt verlassen sah, verkleidete er sich, wie man sagte, als Klo-
sterbruder, und er ging auf und davon. Und um diese Zeit schickten
sie einen Erlaß auf die Piazza, wer Piero de' Medici töte, solle 2.000
Dukaten gewinnen, und wer den Kardinal umbringe, solle 1.000
erhalten.«[90]

Historiker, die den Medici gewogen sind, wie z.B. Brion
oder Cleugh, sehen mit einer gewissen Berechtigung Pieros
Hauptfehler darin, daß ihm jede Neigung und jedes Talent
zur Beschäftigung mit Politik fehlten. So mußte er nun nach
nur zweieinhalb Jahren Herrschaft, soweit von einer solchen
zu sprechen ist, seine Heimatstadt unter wenig rühmlichen
Umständen verlassen. Der Palast der Medici wurde geplün-
dert, ebenso ihr Landsitz in Careggi. Die Biblioteca Laurenziana, die Cosimo de' Medici begründet hatte, wurde von
der *Signoria* konfisziert; sie kam in den Besitz des Konvents
von San Marco, dessen Prior Savonarola war. Die Gegner
der Medici, allen voran die Familie der Pazzi, kamen aus der
Verbannung zurück. Piero de' Medici brachte währenddes-
sen seine Zeit damit zu, einen glücklosen Versuch nach dem
anderen zu organisieren, um Florenz zurückzuerobern.
Savonarola hielt sich noch im Lager der Franzosen auf, als
Piero gestürzt wurde. Wie es seine Art war, hielt er dem
französischen König donnernde Strafpredigten, die auch
zweifellos nicht ohne Wirkung blieben. Karl sei ein Werk-
zeug Gottes, er müsse Florenz schonen, seine Aufgabe sei
die Reform der christlichen Kirche. Am 17. November
schließlich erreichte Karl Florenz. Auf Anraten Savonaro-

las öffnete man ihm die Tore der Stadt. Das gewaltigste Heer, das die Florentiner je gesehen hatten, zog nun in ihre Stadt ein. Der König nahm im Palast der Medici Quartier. Am nächsten Tag begannen die Verhandlungen mit den Vertretern der Stadt. Nach einigem Hin und Her einigte man sich auf das, was den Florentinern schon immer am liebsten gewesen war, auf Subsidienzahlungen. Außerdem sollte die Stadt ihr politisches Schicksal mit dem des französischen Königs verbinden. Die von Piero de' Medici leichtfertig ausgelieferten Festungen wurden zurückgegeben. Am 27. November verließ Karl Florenz und marschierte mit seinem Heer, das etliche von den Medici bei der Flucht zurückgelassene Schätze im Gepäck hatte, ohne auf Widerstand zu treffen, nach Neapel, wo er drei Monate später Einzug hielt.

Im Jahre 1491 war Savonarola Prior des Klosters von San Marco geworden. Wie jeder Mönchsorden, faßte auch der Dominikanerorden seine Klöster zu Kongregationen zusammen. San Marco gehörte damals zur lombardischen Kongregation, mit dem Hauptsitz in Mailand. Das war natürlich nicht unproblematisch, da die Städte Florenz und Mailand politisch alte Rivalen waren. Das Kloster von San Marco hatte schon geraume Zeit versucht, die lombardische Kongregation zu verlassen. Nach massiven Interventionen von Piero de' Medici zugunsten dieses Vorhabens genehmigte der Papst 1493 eine eigene toskanische Kongregation, der sich auch die Dominikaner von Fiesole, Prato, Sasso und Pisa anschlossen. Piero sah in dieser Verselbständigung natürlich eine Stärkung seiner Stellung gegenüber dem alten Rivalen im Norden. Als Generalvikar der neuen Kongregation setzte der Papst Savonarola ein, der auf diese Weise für kurze Zeit zum Subjekt der mediceischen Außenpolitik wurde.

Inzwischen war Savonarola nicht mehr nur Prior, sondern auch Innenpolitiker. Wenn die Stadt Florenz jüngst so ungeschoren davon gekommen war, dann war es sein Verdienst, eher als das eines anderen. Bald nach dem Abzug des französischen Königs wurde eine Volksversammlung abgehalten, die die Grundlage für die Neuordnung der Verhältnisse war:

»Und am 2. Dezember 1494, Dienstag, hielt man Parlament ab, auf der Piazza della Signoria, ungefähr um 22 Uhr, und es kamen auf die Piazza alle Banner, von denen jedes alle seine Bürger hinter sich hatte, ohne Waffen. Nur an die Mündungen der Piazza wurden ziemlich viele Bewaffnete hinbefohlen; und man verlas viele Dinge und Statuten, die mehrere geschriebene Blätter ausmachten. Und erst befragte man das Volk, ob auf der Piazza zwei Drittel der Bürger beisammen seien. Wurde von den Umstehenden geantwortet, daß ja. Hierauf begann man zu lesen: und sie sagten in bemeldeten Kapiteln, daß sie alle Gesetze vom Jahre 1434 ab für ungültig erklärten und die Siebzig und die Zehn und *Otto di Balìa* aufhoben . . .«[91]

Die von den Medici geschaffenen Herrschaftsinstrumente waren aufgelöst. Doch an der Struktur der Verfassung hatte sich wenig geändert. Am nächsten Tag wurden 20 *accoppiatori* gewählt, die anstelle der aufgelösten Gremien neue bildeten, die sich von den alten nur darin unterschieden, daß in ihnen neue Gesichter saßen. Erschwerend kam noch hinzu, daß die *accoppiatori* ganz überwiegend Männer des alten Regimes waren; es war sogar ein Angehöriger der Familie Medici darunter. So war also trotz äußerlicher Neuordnung noch nicht allzu viel erreicht und es ist kein Wunder, daß sich in der Stadt nicht gerade Begeisterung breit machte.

Am Tag darauf kam eine Gesandtschaft aus Mailand, um den Florentinern zur wiedergewonnenen Freiheit zu gratulieren. Und für Sonntag rief Savonarola zu einem Almosen:

»Und am 7., Samstag, predigte der Bruder Girolamo und ordnete ein Almosen an für die verschämten Armen . . ., das am folgenden Tage, Sonntag, gegeben wurde. Und es war so groß, daß man es nicht abschätzen konnte, Gold und Silber, Woll- und Leinenzeug, Seide und Perlen und anderes: jeder überreichte es mit großer Liebe und Barmherzigkeit.«[92]

Savonarola ließ die Florentiner unterdessen nicht zur Ruhe kommen. Schon für den nächsten Tag ordnete er ein neues Almosen an und eine Prozession. »Es wurde eine sehr wunderbare Prozession, mit einer solchen Anzahl von Männern und Frauen höchsten Ansehens und mit solcher Ordnung« und solchem Gehorsam gegen den Frate«[93], der mit Geschick und Entschlossenheit in das von den Medici hinterlassene Machtvakuum gestoßen war. Der Umstand, daß der kleine Bettelmönch es vermocht hatte, auf die Bühne der politisch Etablierten zu klettern, und nicht mehr nur aus dem Hintergrund kläffte, blieb nicht ohne Auswirkungen auf den Stil seiner Predigten.

Hatte Savonarola früher immer nur vom Verfall der Sitten gesprochen, von der Verweltlichung der Kunst, von Genußsucht und Sodomie, so nahm er nun einen, im Grundsatz jedenfalls, proflorentinischen Standpunkt ein. Er prophezeite der Stadt größeren Reichtum und größeren Ruhm, als sie je gehabt hatte, wenn ihre Bürger nur Reue zeigen und Buße tun wollten. Den Sturz der Medici hatten viele als Eintreffen der Prophezeiungen Savonarolas angesehen. Auch daß Karl VIII. von Frankreich mit seinem Heer wieder abgezogen war, schrieb man seinem Einfluß zu. Er erschien so als Friedensstifter, was sein stetig gewachsenes Ansehen noch steigerte. Gleichzeitig erklärte er die Versöhnung aller Bürger zur Voraussetzung für die religiöse und sittliche Erneuerung. Dieses Predigen von der Einheit weist Savonarola aus als Repräsentanten jener am Ende des dritten Kapitels beschriebenen, ideologisch begründeten Befriedung der Gesellschaft. Schon vor Savonarola war das Eintreten für den Ausgleich der Gegensätze der wichtigste Topos der Predigt der Bettelmönche gewesen. Bernhard von Siena sagte z. B. Folgendes:

»Woher kommen denn die Menschenschlächtereien, Ehebrüche und Hurereien, das Niederbrennen der Häuser, die Verbannungsbefehle, das gegenseitige Instückeschneiden, die Diebereien? Alle diese Übel haben eine Wurzel: eure Parteiungen.« [94]

Savonarola predigte jetzt den Florentinern:

»Du willst den Frieden nicht, weil du ein schlechter Mensch bist; wärst du ein guter Mensch, würdest du den Frieden herbeisehnen und die Einheit deiner Stadt.« [95]

In modifizierter Form findet sich der gleiche Gedanke in der These, wir lebten in einer »nivellierten Mittelstandsgesellschaft«, in der es keine Klassenauseinandersetzungen mehr gebe. Dies schließt Sinndeutung von Gesellschaft zumindest insoweit aus, als das Vorherrschen widerstreitender Partialinteressen behauptet wird. Schon der Leibnizschen Philosophie lag die Idee der »prästabilierten Harmonie« zugrunde, die Idee der allen Dingen innewohnenden Ordnung, die für Harmonie garantiert. In der amerikanischen Soziologie war Talcott Parsons (1902-1979) der energischste Vertreter einer ähnlichen Sicht der Gesellschaft. Er berief sich allerdings nicht, wie Leibniz, auf Gott, sondern auf die Kybernetik. Für Parsons ist das soziale System ein »funktionalistische(r) Zusammenhang von Institutionen«[96]. Das System tendiert zur Erhaltung bzw. Erreichung eines Sollzustandes. Gesellschaftliche Erscheinungen wie politische Macht oder öffentliche Meinung »sucht Parsons in der Art des Geldes als Steuerungssprachen zu begreifen«[97]. Solcher Sicht von Gesellschaft können Menschen mit einer eigenen Meinung nur als Störfaktoren erscheinen. Früher hat man sie am liebsten verbrannt, heute gibt es differenziertere Möglichkeiten.

Savonarola, der fast über Nacht zum öffentlichen Gewissen von Florenz geworden war, predigte nun täglich im Dom. Am 14. Dezember »bemühte sich der Bruder Girolamo auf der Kanzel sehr, daß die Florentiner eine gute Form der Regierung annähmen«[98]. Nach der Vertreibung der Medici und dem ersten Erfolg war nichts mehr vorangegangen. Savonarola nahm in dieser Predigt am dritten Adventssonntag erstmals selbst zur Frage einer neuen Verfassung Stellung. Er argumentierte folgendermaßen:

»Da der Mensch ein soziales Wesen ist und nicht allein zu leben vermag, ist es notwendig, daß die Menschen – sei es in Städten, Burgen oder Dörfern – Vereinigungen bilden für die gemeinsamen Bedürfnisse des einen wie des anderen. ... Jedes Volk und jeder Platz brauchen eine Regierung, und diese Regierungen sind unterschieden in vielen Arten. Die einen regieren sich durch einen Herrscher, andere durch mehrere Personen, wieder andere durch das gesamte Volk. Das Regiment eines Herrschers ist die beste aller Formen, wenn es ein guter Herrscher ist.«[99]

Savonarola bemerkte, daß das Regiment eines Herrschers nicht nur die beste Regierungsform, sondern auch am einfachsten zu handhaben sei. Dann fuhr er fort:

»In der heißen Hemisphäre sind die Menschen kleinmütig, weil sie nur wenig Blut haben; deshalb lassen sie sich leicht von einem einzigen beherrschen. Im kalten Norden dagegen haben die Menschen zwar reichlich Blut, aber wenig Verstand; deswegen sind sie ebenfalls einzelnen unterworfen. In der mittleren Region aber, wie z. B. Italien, haben die Menschen sowohl reichlich Blut als auch Verstand. Sie ertragen daher die Herrschaft eines einzelnen nur mit Mühe; jeder möchte selbst an der Spitze stehen und die anderen beherrschen. Es gibt großen Streit und Zwietracht zwischen den Bürgern der Stadt, wenn einer groß sein und die anderen dominieren möchte. ... Deshalb ist an solchen Orten die Herrschaft mehrerer besser als die eines einzelnen. Und am allermeisten trifft dies auf Florenz zu.« [100]

Schließlich sprach Savonarola die Stadt direkt an:

»O Florenz, ich kann dir nicht alles sagen, was ich fühle, weil du im Moment noch nicht bereit bist, es zu ertragen. O, wenn ich dir nur alles sagen könnte. Sieh, daß ich wie ein neuer Krug bin, voll des Mostes, aber verschlossen. Viele Geheimnisse sind in mir eingeschlossen, die nicht herauskönnen, vor allem weil du sie nicht glauben würdest. ...Begreife Florenz, was ich dir heute sage; begreife, daß Gott es mir eingegeben hat. Ich vertraue nur auf Christus, in dessen Name ich dir sage: tu, was gut für dich sein wird, wenn du es tust. Tu, sage ich dir, vor allem zwei Dinge, die ich dir schon oft gesagt habe, nämlich jeder soll beichten und sich von den Sünden reinigen, und alle sollen ihre Aufmerksamkeit auf eine gute Regierung der Stadt richten. Wenn ihr das tut, wird eure Stadt glorreich sein. Und Florenz wird reicher und mächtiger sein, als es je war, und seine Herrschaft auf viele Orte ausdehnen. Aber, wenn du nicht tust, was ich dir sage, wird Gott jene wählen, die deine Entzweiung wollen, und das wird deine endgültige Zerstörung sein.« [101]

Nach dieser Einleitung, die typisch für Savonarolas Predigtstil ist (besonders das direkte Ansprechen der Stadt), entwickelte er ein Programm. Savonarolas erste Forderung war, wie stets, daß die Bürger umfassende Reue zeigen sollten und in Zukunft nicht wieder zur Sünde zurückkehren dürften. Zum zweiten müsse alles beseitigt werden, was gegen die Verehrung Gottes sei. Sodann verlangte Savonarola ein Gesetz gegen das »verfluchte Laster der Sodomie«: »Mach ein Gesetz, sage ich, das ohne Erbarmen ist, d. h. daß solche Leute gesteinigt und verbrannt werden.« [102] Schließlich forderte er das Verbot bestimmter Dichtungen und Spiele sowie unzüchtiger Frauenkleider und die Schließung gewisser »Spelunken«. Am Schluß seiner Predigt machte er auch gleich noch einen Verfahrensvorschlag:

»Die Bürger sollen zusammenkommen, jeder zu seinem Bannerträger, und beraten und prüfen, welche Form ihnen am besten erscheint für eure Regierung. Und jeder Bannerträger nimmt den Vorschlag, den er mit seinen Bürgern beraten hat; so haben wir 16 Vorschläge. Dann kommen die besagten Bannerträger zusammen und nehmen vier Vorschläge heraus, die ihnen am besten und stabilsten erscheinen, und bringen sie zur erlauchten *Signoria.* Und dann . . . wählen die einen aus den vieren aus. Und seid sicher, daß der Vorschlag, der ausgewählt werden wird, von Gott sein wird.«[103]

Savonarolas Einfluß war damals auf dem Höhepunkt. Bei der Predigt waren »alle Beamten von Florenz«[104] anwesend. Frauen dagegen war der Zutritt verboten[105]. Savonarola war der festen Überzeugung, daß sie mindere Wesen seien. Die Florentiner folgten schon bald dem gemachten Vorschlag. Fünf Tage später trugen die Bannerträger ihre Vorschläge zum Palast der *Signoria* und nach einer Woche hatte die Stadt eine neue Verfassung.

Diese neue Verfassung, die die der Republik Venedig zum Vorbild hatte[106], sah als wichtigste Neuerung einen *Consiglio Maggiore* (Großen Rat) vor. Dieser Rat sollte die Beteiligung einer großen Zahl am politischen Geschäft sicherstellen. Mitglied war deshalb jeder, der selbst oder dessen Vater, Großvater oder Urgroßvater in einem der drei höchsten Ämter gesessen hatte oder dafür gewählt gewesen war[107]. Das Mindestalter für die Ratsmitgliedschaft betrug 29 Jahre. Für den Fall, daß die Zahl der Ratsfähigen auf 1.500 anschwoll, sollte der *Consiglio Maggiore* in Drittel geteilt werden, die je sechs Monate tagten. Daher hat wohl der *Salone dei Cinquecento* (Saal der Fünfhundert) im ersten Stock des Palazzo Vecchio seinen Namen. Er wurde in dieser Zeit errichtet, da sich in Florenz kein Saal finden ließ, der groß genug war, den neuen Rat aufzunehmen. Am 25. Februar 1496 wurde der *Salone dei Cinquecento* mit einer feierlichen Messe eingeweiht[108]. Tatsächlich hatte auch ein Drittel des Rates weit mehr als 500 Mitglieder. Als der *Consiglio Maggiore* Ende des Jahres 1494 erstmals zusammentrat, stellte sich heraus, daß die Zahl der Ratsfähigen mehr als 3.000 betrug. Nach wenigen Monaten gab man das Prinzip der Drittelung auf und setzte stattdessen fest, daß der Rat beschlußfähig sei, wenn mindestens 1.000 Mitglieder anwesend sind.

Im Gegensatz zu den aufgelösten Räten der Hundert und der Siebzig dominierte in dieser Riesenversammlung nun der Mittelstand, den Savonarola emporgetragen hatte. Schon angesichts der großen Mitgliederzahl überwogen im

Consiglio Maggiore Handwerker, Kaufleute, Ladenbesitzer, kleine Beamte usw. Zum erstenmal seit sechzig Jahren hatten diese Leute ein politisches Instrument für ihre Opposition gegen die herrschende Oligarchie aus Großbürgertum und mediceischen Günstlingen in der Hand. Allzu oft konnte der *Consiglio Maggiore* natürlich nicht zusammentreten, weil sonst das wirtschaftliche Leben der Stadt in kurzer Zeit zusammengebrochen wäre. Immerhin besetzte der Rat die höheren Ämter, hatte aber aus seiner Mitte einen Rat der Achtzig zu wählen, der zusammen mit der *Signoria* die eigentliche politische Arbeit machte.

Wie bei so vielen Umstürzen wurden also die politischen Institutionen reformiert, die Administration aber blieb weitgehend unbehelligt. Die Finanzverwaltung z. B. lag vor und nach 1494 im großen und ganzen in den selben Händen. Denn die Großkapitalisten und ihre Manager, die dort wie die Maden im Speck saßen, zeichneten sich durch Erfahrung und Sachverstand aus, den die neuen Herren kurzfristig nicht ersetzen konnten. Der Mittelstand, der vor allem die Last der indirekten Steuern trug, hatte nun ein Forum in Gestalt des *Consiglio Maggiore*. Schon am 4. Februar 1495 wurde dort eine neue Steuer beschlossen, die *Decima*, die immobiles Vermögen betraf, d. h. Grundbesitz und Renten. Diese Steuer sollte die Großen treffen, sie war aber ihrer Natur nach zu schwerfällig für eine rasche Geldbeschaffung; die Erträge aus dieser Steuer blieben unbefriedigend. Deswegen war auch das neue Regime genötigt, zu erzwungenen Anleihen Zuflucht zu nehmen. Schon am 13. Januar 1495 war eine Anleihe von 100.000 Florin aufgelegt worden, was allgemeine Bestürzung ausgelöst hatte: »Jedermann sagte: ›So kann es nicht bleiben; die Armen, die nur von der Handarbeit leben, werden Hungers sterben.‹ «[109] Doch schon im November war die Stadt wieder in solcher Geldverlegenheit, daß sogar eine Anleihe von 200.000 Florin notwendig erschien, die die Räte nur mit »größten Schwierigkeiten« passierte[110]. Die Mitglieder der *Signoria* mußten drei Nächte lang auf den *Consiglio Maggiore* einreden, bevor sie die notwendige Zustimmung erhielten. Wenn wir hören, daß diese Sitzungen sechs bis sieben Stunden dauerten, so ist zu bedenken, daß der *Consiglio* kein Parlament im eigentlichen Sinne war. Er durfte nur über Vorlagen der *Signoria* abstimmen und sprechen durfte nur, wer für die Vorlage war.

Sobald das formale Verfassungsgerüst geschaffen war, widmete Savonarola sich wieder seinen Leidenschaften. Noch am 29. Dezember des Jahres 1494 wurde ein Gesetz gegen das »unaussprechliche Laster« [111] verabschiedet. Es hatte folgenden Wortlaut:

»Jede Person, untergeben oder nicht untergeben, jedweden Standes, Ranges oder Klasse, sei sie männlich oder weiblich, mindestens 18 Jahre alt, wohnhaft in der Stadt, Distrikt oder Republik von Florenz, die überführt wird, daß sie freiwillig die Sünde der Sodomie begangen hat, wird folgendermaßen bestraft: Beim erstenmal wird der Betreffende festgenommen im Auftrag einer der zuständigen Behörden und von Amtsdienern zum Pranger geführt. Dort wird er mit den Händen nach hinten festgebunden und steht mindestens eine Stunde auf dem Pranger. Danach wird er innerhalb von 23 Stunden in seine Freiheit entlassen. Außerdem verliert er jegliches öffentliche Amt und alle Ehrungen der Stadt und Republik von Florenz, und zwar solange, bis der *Consiglio Maggiore* ihn mit Zweidrittelmehrheit rehabilitiert hat. Für den Fall, daß einer zum zweitenmal einer solchen Sünde verfällt, wird er von den Amtsdienern über alle öffentlichen Plätze geführt, mit auf dem Rücken gebundenen Händen, bis zum Mercato Vecchio. Dort wird er an die Säule gesiegelt und mit dem Stadtwappen mitten auf der Stirn gebrandmarkt. Aller öffentlichen Ämter geht er verlustig, wie oben beschrieben. Beim drittenmal wird er durch alle öffentlichen und besuchten Orte geführt und schließlich dorthin, wo er diesen Exzeß begangen hat. Dort wird er innerhalb von 23 Stunden gerichtet mit dem Feuer, bis zum Tode einschließlich.« [112]

Dieses Dreistufenmodell blieb in den folgenden Jahren im wesentlichen unverändert. Für die Betuchteren wurde bald eine Erleichterung gewährt. Sie konnten sich, beim ersten Mal wenigstens, vom Pranger freikaufen.

Das war gar nicht im Sinne Savonarolas und im Dezember 1495 wurden die Bestimmungen wieder verschärft. Zuvor hatte er gepredigt:

»Schafft Gerechtigkeit gegen dieses verfluchte Laster wider die Natur; straft nicht mit Geldbußen und auch nicht hinter verschlossenen Türen, sondern macht ein Feuer, von dem ganz Italien spricht!« [113]

Anfang 1497 erließ eine *Signoria* unter Francesco Valori, einem glühenden Anhänger Savonarolas, noch schärfere

Mercato Vecchio mit Wechslerbuden und Pranger (16. Jahrhundert)

Bestimmungen, um »die Schuldigen in größeren Schrecken zu versetzen« (*dare maggiore terrore ai delinquenti*)[114]. Für die ersten vier Monate dieses Jahres sind die Akten von 42 Verurteilungen erhalten (darunter keine Frau). Die meisten gingen auf Denunziationen zurück, zu denen die Bestimmung anregte, daß der Denunziant ein Viertel der Geldbuße abbekam. Schon in der Zeit vor Savonarola war Homosexualität verfolgt worden (auch heute noch ist sie in Italien ein großes Tabu, weit größer als in den nördlichen Ländern). Es gab eine eigene Behörde, die *Sei Ufficiali di Notte* (Sechs Beamten der Nacht), »um die Sodomie zu unterdrücken«[115]. 1443 wurden diese sechs mit den Aufsehern über die Klöster zu einer Behörde vereinigt, den *Ufficiali di Notte e dei Monasteri*. Unter Savonarola waren

69

neben diesen *Ufficiali* noch weitere Behörden für die Verfolgung der Homosexualität zuständig.

Die Homosexualität war damals weit verbreitet, besonders in Italien und hier vor allem in Neapel, Florenz und Siena, wenn man den Bettelmönchen glauben will, die sich nahezu ununterbrochen mit diesem Thema beschäftigten. Bernhard von Siena z. B. ließ sich so vernehmen:

> »Ist's denn nicht Wahnsinn, keine Kinder haben zu wollen? Verblendeter, siehst du nicht ein, daß du gegen alle natürliche Pflicht und Ordnung handelst? . . . Wie machst es aber du, verteufelter Sodomit? Es ist gerade, wie wenn du zu Gott sagtest: Ich will dir trotzen, ich will, daß nicht ein einziges geboren werde. ... Rache, Rache! rufen die Kinder, die nicht zur Welt kommen durften. Gerechter Gott, übe Vergeltung an unseren Vätern auf Erden, für uns, die wir wären geboren worden und durch ihre Schuld nicht zur Welt gekommen sind.« [116]

Ob Rache ein besonders christliches Motiv ist, mag dahingestellt bleiben. Und auch, ob nach dieser Logik alle Mönche wahnsinnig sind, ist wohl keine erlaubte Frage.

Die Sodomie, worunter damals in erster Linie Homosexualität verstanden wurde, haßte Savonarola noch mehr als jede andere Form des Geschlechtslebens. Traumatisches Wasser hatte sein inneres Feuer zum erlöschen gebracht; umso begieriger war er, alles und jeden dem Feuer zu überantworten. Nie brannte es so oft in Florenz, wie zur Zeit Savonarolas. In der griechischen und römischen Antike waren homosexuelle Beziehungen ein integraler Bestandteil des kulturellen Lebens gewesen. Erst im 4. Jahrhundert, mit der Christianisierung des römischen Reiches, wurden sie zum todeswürdigen Verbrechen [117]. Obwohl die christliche Kirche Homosexualität mit unnachsichtiger Grausamkeit verfolgte, dauerte es doch noch fast das ganze Mittelalter, bis die letzten Reste des Phalluskultes aus den Kirchen verschwunden waren. Und die Homosexualität selbst war überhaupt nicht auszurotten. Selbst von Piero di Lorenzo de' Medici wird behauptet, er habe ein Verhältnis mit einem spanischen Stallknecht gehabt. Seinen Namen hatte das Übel von der Stadt Sodom, die Gott zusammen mit Gomorra zerstörte, »um die homosexuellen Beziehungen zwischen Menschen und Dämonen und andere sexuelle Perversionen zu bestrafen« [118].

Diktatur Gottes

Auch der Bruder Girolamo kochte nur mit Wasser. Das zitierte Gesetz gegen die Homosexualität kam kaum in voller Schärfe zur Anwendung. Die 42 Verurteilungen in den ersten vier Monaten des Jahres 1497 beinhalten fast sämtlich Geldstrafen (was ja auch für die Denunzianten lukrativer war), und von einer tatsächlich erfolgten Verbrennung wissen wir nichts. Der unerbittlichen Strenge Savonarolas gegen die Sodomiten stand übrigens eine, zumindest faktische, Duldung der Prostitution gegenüber. Dieses Übel war zu weit verbreitet, als daß es möglich gewesen wäre, es zu bekämpfen. Hier zeigt sich auch, daß sich der Bußprediger trotz aller Beschränktheit und trotz seines Fanatismus über die private Lebensökonomie im klaren war. Er sparte zwar nicht mit verbalen Kraftakten gegen die Prostituierten, aber er hinderte sie nicht daran, ihren Geschäften nachzugehen, »mit Rücksicht auf das öffentliche Wohl« [119].

Nachdem Savonarola im Verein mit dem von den Medici entrechteten Mittelstand die Verfassungsverhältnisse neu geordnet hatte, widmete er sich nun ganz seiner eigentlichen Sendung, der »religiös-sittlichen Erneuerung« [120]. Wie von sich, forderte er auch von den Florentinern, die politischen Geschäfte dem religiösen Streben unterzuordnen. Er hatte in ihrem Sinne gegen den mediceischen Tyrann gepredigt, nun sollte der zweite Teil des Geschäfts folgen. Savonarolas Gefolgsleute sollten mithelfen, den Reichen ihren Reichtum zu nehmen und die Armen für ihre Armut zu begeistern. Gott, der Herr, sollte an die Stelle der Medici treten, der durch Savonarola seine Anordnungen kund tat:

»Hand in Hand mit der staatlichen ging die religiös-sittliche Erneuerung. In denselben Predigten rief der Frate zur einen wie zur anderen auf, überzeugt, daß nur ein guter Christ ein guter Bürger sein und lediglich die christliche Liebe den festen Kitt bilden könne, der die Bürger zu jener Eintracht verbinde, welche die unerläßliche Voraussetzung alles staatlichen wie bürgerlichen Gedeihens sei, wie

71

umgekehrt ein wohlgeordnetes Staatswesen die unumgängliche Vorbedingung alles religiös-sittlichen Aufschwungs bietet. Die Wurzel alles Verderbens lag ihm in der Verdrängung echter, aufs Ewige gerichteten christlichen Gesinnung durch die nur auf sinnlichen Genuß und äußeren Erfolg und Gewinn bedachte altheidnische Denkart und Lebensweise.« [121]

Der Begriff des Heidnischen erscheint geeignet, die Verantwortung für den Verfall der Sitten von den Schultern der christlichen Abendländer zu nehmen und in die feindliche Außenwelt zu transportieren. Zugleich weist die Betonung des *Alt*heidnischen auf eine barbarische Vergangenheit hin, die durch christliche Erleuchtung überwunden sei.

Gepredigt wurde Gottesfurcht, Reue und Demut; die Pflege der christlichen Einfalt, Thema eines seiner Bücher, erhob Savonarola zur unbedingten Pflicht. Ständig lebte in ihm das Schreckbild unkontrollierter Lebensäußerungen, so daß er zwischen Spielwut, Putzsucht, Gotteslästerung und geschlechtlicher Ausschweifung einen unmittelbaren Zusammenhang sah. Solche Äußerungen wiesen auf einen gottesfürchtiger Botmäßigkeit entschlüpften Menschen, der möglicherweise auf dem Wege war, zu sich selbst zu finden, und damit für die Autorität der Kanzel für immer verloren war. Als Kulmination unkontrollierter Sinnlichkeit erschien der Sexualtrieb. Für die Männer der Kirche [122] war er völlig tabu, in der Theorie jedenfalls. Beim Eintritt ins Kloster wurde ihnen der Haarwirbel rasiert. Frauenkleidung (Mönchskutte) und Tonsur sind Symbole der Kastration [123]. Die Kirche tendierte dahin, in jeder sexuellen Betätigung eine Ausschweifung zu sehen. Selbst Eheleuten wurde der Geschlechtsverkehr an bestimmten Feiertagen untersagt, und diese Zeiträume wurden mit Hilfe von Vor- und Nachfristen und zusätzlichen Tagen ständig ausgedehnt [124].

Die Bußprediger, die ja selbst zur Enthaltsamkeit verpflichtet waren, machten sexuelle Ausschweifungen zu ihrem bevorzugten Thema. Und wenn wir mittelalterliche Beichtspiegel lesen, gewinnen wir den Eindruck, daß manche Beichtväter sich mit fast nichts anderem beschäftigt haben. Dies allerdings auch in einem ganz anderen Sinne des Wortes. Die Zustände innerhalb der kirchlichen Institutionen waren keineswegs die besten. Konzilien, Wallfahrtsrouten und viele Klöster waren Orte der Prostitution.

Joseph Schnitzer, der als katholischer Hochschullehrer sicherlich weiß, wovon er spricht, beschreibt die Verhältnisse zur Zeit Savonarolas so:

»Die Zuchtlosigkeit des hohen und niederen Klerus schreit zum Himmel. ... Obschon sie den Leib des Herrn täglich genießen, so werden die Geistlichen doch immer noch schlechter statt besser, der sicherste Beweis, daß sie ihn unwürdig empfangen. Da sie sich nicht schämen, selbst öffentlich zu sündigen und sich in den Augen der Gläubigen herabzuwürdigen, so haben sie alles Ansehen eingebüßt und werden vielfach wie Knechte gehalten. Sie schwätzen den Leuten das Geld ab und überreden sie zu Vermächtnissen an die Kirche, obschon doch das irdische Gut in erster Linie für die Weltleute da ist. Sie treiben sich in den Kneipen herum und huldigen mit ihren Bauern dem Spiele. Sie nehmen Mädchen zum Tanze mit auf ihr Zimmer, verbringen die Nächte mit schlechten Weibern und Buben, treten aber am Morgen gleichwohl zum Altar des Herrn. Sie sind dem sodomitischen Laster ergeben, vergewaltigen Frauen und Mägde, ja sogar Kinder. Sie hassen einen ehrbaren Amtsbruder und schelten ihn einen Kopfhänger und Heuchler ... Statt gefallene Seelen aufzurichten, befestigen sie diese noch in der Sünde. Andere lesen die Messen nur halb, lassen die Wandlung aus oder vertauschen den Wein mit Wasser.« [125]

Hier mit dem eisernen Besen auszukehren, war Savonarola angetreten. Er legte dabei die äußerste Brutalität an den Tag, jedenfalls auf der Ebene der Rhetorik. So forderte er, daß jeder, der sich öffentlich dem Spiel hingab, lebendig zu verbrennen sei [126]. Als sich daraufhin die Florentiner mit ihren Würfeln und Karten in ihre Häuser zurückzogen, schlug Savonarola vor, allen Sklavinnen, die ihre dem Spiel frönenden Herrn anzeigten, die Freiheit zu geben [126a]. Diese vorgeschlagene Erziehung zur Denunziation erwies sich bei näherer Betrachtung als nicht praktikabel. Denn welche Sklavin hätte gezögert, ihren Herrn des Spielens zu bezichtigen, wenn sie dadurch die Freiheit erlangt hätte. Um der Gotteslästerung Einhalt zu gebieten, empfahl Savonarola, allen Gotteslästerern die Zunge zu durchbohren.

Die savonarolianische Theokratie verband also – wie so häufig – puritanische Sexualethik mit ungehemmtem Sadismus. Allsonntäglich versammelte der Prediger mehr als 10.000 Menschen zu seinen Donnerreden im Dom. Alle Geschäfte und Läden hatten für diese Zeit zu schließen, damit keiner auf Abwege geraten konnte. In dieser weihrauchgeschwängerten Atmosphäre vermochte Savonarola mit seinen Visionen selbst die Bevölkerung einer Stadt wie Florenz für mehrere Jahre zu berauschen. Schnitzer schildert das Ergebnis der religiös-sittlichen Erneuerung:

»Auf dem Felde vernahm man keine weltlichen Lieder mehr, sondern nurmehr Lauden und geistliche Gesänge, deren damals eine Menge gedichtet wurden; man sang sie mit größter Freude auch bei der Arbeit in Wechselchören, wie die Mönche ihr Chorgebet zu verrichten pflegen. Sogar Mütter sah man auf der Straße mit ihren Kindern die kirchlichen Tageszeiten wechselweise abbeten. Zuweilen gesellten sich zwanzig bis dreißig Männer und Frauen zu frommer Erbauung in der Stadt oder auf dem Lande zusammen, sie empfingen während der Messe die heilige Kommunion und verbrachten den Tag in Lobgesängen und Psalmen, sei es, daß sie sich vor einem kleinen Jesuskinde oder vor einem Kreuze versammelten, vor dem jemand in einer schönen Ansprache zur Liebe zum Gekreuzigten anfeuerte, sei es, daß sie mit einem Madonnenbilde einen andächtigen Umzug veranstalteten. Die Hochzeiten wurden mit größter Ehrbarkeit und Eingezogenheit gefeiert, ohne viel Aufwand, ohne Tänze, unehrbare Gesänge und musikalische Aufführungen.« [127]

Ein ähnliches Regiment des Schreckens errichtete wenige Jahrzehnte später der Franzose Johann Calvin (1509-1564) in Genf, nachdem er zunächst wegen »zu großer Sittenstrenge« aus der Stadt ausgewiesen worden war.
Savonarola und Calvin sind oft verglichen worden, nicht zu Unrecht. Savonarolas nimmermüder Propagandist Schnitzer meint, »beide huldigen demselben erhabenen Ideale« [128]. Ihr Ziel sei »die sittliche Hebung des ganz verwahrlosten Volkes durch entschlossene Rückkehr zum reinen Leben der apostolischen Urkirche« [129]. Dies war nun freilich Illusion. Die Kirche hatte ihre Unschuld verloren, und seine Unschuld verliert man nur einmal. Die Anhänger der christlichen Urkirche mögen zwar etwas einfältig gewesen sein, waren aber sicher freundliche Menschen. Dann breitete sich das Christentum aus, wurde zur Religion der städtischen Unterschicht und entwickelte eine enorme soziale Sprengkraft. Doch schon bald setzten Hierarchisierung und Anpassung ein. Die Interessen der Unterdrückten wurden verraten; sie wurden aufgerufen, sich mit ihren Peinigern abzufinden und auf ein besseres Leben nach dem Tod verwiesen. Die soziale Wiedergeburt, im Karneval spielerisch realisiert, fand nun nicht mehr auf Erden statt. Nach der Ent-

Gedenkmünze
auf Savonarola,
wahrscheinlich
von Ambrogio
della Robbia
(16. Jahrhundert)

täuschung der Naherwartung in der Urkirche wurde sie
durch eine allegorische Bibelinterpretation ins Jenseits
eskamotiert. Zu Savonarolas Zeiten war die christliche
Kirche längst Teil des Herrschaftsapparates geworden. Auf
diesem Weg gab es kein Zurück.
Calvin war gegenüber Savonarola im Vorteil. Er war nicht
mehr Vorläufer, sondern Protagonist einer von protestan-
tischer Ethik und Puritanismus geprägten bürgerlichen Gesellschaft; Calvin war auch nicht Bettelmönch, sondern
Jurist. In Genf konnte er sich völlig ungehemmt ausleben:

»Calvin setzte denn auch sein Gottesreich mit Feuer und Schwert
und erbarmungslosen Folterqualen durch. Auf einen bloßen Ver-
dacht hin läßt er seine Opfer unmenschlich martern, an Ketten
schmieden, mit glühenden Zangen zwicken, am Seile aufziehen,
sogar einmauern. In den wenigen Monaten von Februar bis Mai
1545 überantwortete er 34 Personen dem Henkerstode durch das
Schwert, durch das Feuer, den Galgen oder die Vierteilung, und der
Hinrichtung gehen meist noch grausame Verstümmelungen voraus.
Während der vier Jahre seiner unbeschränkten Macht ordnet er
800-900 Verhaftungen, 76 Verbannungen und 58 Todesurteile an.
Selbst spielende [!] Kinder überweist er dem Kerker. Das ganze
bürgerliche und kirchliche Leben unterwirft er eiserner Zucht. Die
Ältesten beobachten den Kaufmann in seinem Warenlager, den
Handwerker in seiner Werkstatt, das Marktweib in seiner Halle, die

75

Brautleute bei der Hochzeit, die Eltern bei der Kindstaufe; und neben den öffentlichen Aufsehern gibt es noch geheime, behördlich angestellte Späher.«[130]

Man merkt dem Autor seine Begeisterung an. Dies war die Zeit, in der alles reglementiert wurde, in der Gefängnisse, Arbeitshäuser und Besserungsanstalten entstanden. Man begann zu unterscheiden zwischen unfreiwilliger Armut und Arbeitsunwilligkeit, was sich in den städtischen Bettelordnungen seit der zweiten Hälfte des 15. Jahrhunderts niederschlägt[131]. Bei Calvin erhielt Arbeit »eine direkt religiöse Deutung«[132]. Arbeit war göttlicher Auftrag, ebenso handelte er selbst in göttlichem Auftrag; wer sich ihm entgegenstellte, wurde verbrannt. In späteren Jahrhunderten entwikkelte die ständische Gesellschaft ein ganzes System von Kleider-, Kirchen- und Luxusordnungen. Diese Vorschriften dienten meist der kapitalistischen Rationalität, sie sollten verhindern, daß der neue Reichtum nicht wieder investiert, sondern konsumiert, »verschwendet« wurde. In der Rothenburger Hochzeitsordnung von 1654 heißt es z. B.:

»2. Hochzeit:
Alle müssen in der Kirche rechtzeitig erscheinen (bei 10 Pfund Strafe)
Zur Mahlzeit:
I. Stand: 48 Personen
II. Stand: 40 Personen
III. Stand: 32 Personen (bei 40 Pfund Strafe)
Die Hochzeit darf höchstens 2 Tage dauern bei 1 Mahlzeit pro Tag mit 2 Gängen, bestehend aus 8 Gerichten im I. Stand, aus 6 im II. Stand, aus 4 im III. Stand. Das Essen soll zwischen 10-12 Uhr beginnen und um 6 Uhr beendet sein. (Der Hochzeitslader oder Aufpasser soll die verflossene Zeit ansagen.) Bei Strafe von 20 Pfund
. . .
Nach dem Essen darf erst getanzt werden und zwar nur 3 Stunden, bei geringerem Grad im Tanzhaus.
Es dürfen auch nur die Hochzeitsgäste tanzen und keine fremden Leute; der Stadtknecht hat hierfür aufzupassen und die Betreffenden am nächsten Tag dem Richter zur Bestrafung zu melden. (Strafe 20 Pfund)«

Diese Verordnung ist noch relativ harmlos, da sie ausschließlich Geldstrafen vorsah. Sehr viel weniger angenehm war es schon, einen Tag mit der Schandmaske herumzulaufen oder gar am Pranger zu stehen.

Zuchtlosigkeit und Sittenverfall waren schon vor Savonarola ständiges Thema der Bußprediger gewesen. Bernhard von Siena predigte für die christliche Familie und gegen das »Junggesellenwesen« [133]. Er donnerte gegen die Sodomie, gegen Luxus in Kleidung und sonstigem Lebensaufwand und gegen das Würfel-, Karten- und Schachspiel. Mancherorts setzte Bernhard auch Gesetze zur Beschränkung der Mitgift durch. Denn er hatte erkannt, daß das für die Mitgift aufgewandte, nicht unbeträchtliche Kapital »nur zu einem kleineren Teil wieder volkswirtschaftlich nutzbringend werde« [134].

Savonarolas Tätigkeit in Florenz blieb auch nicht ohne Auswirkungen auf seine Heimatstadt Ferrara, wo heute der Hauptplatz nach ihm benannt ist. Im Jahre 1496 versuchte Herzog Ercole, in Ferrara »einen religiösen Staat nach Savonarolas Ideal« [136] zu schaffen. Allwöchentlich wurde ein zweitägiges Fasten durchgeführt, und zur Entscheidung politischer Fragen wurden Prozessionen veranstaltet. Der Besuch der Predigten im Dom war nun Pflicht; für Gotteslästerung, Sodomie und außereheliche Geschlechtsverkehr gab es strenge Strafen. Ercole war deshalb auch immer ein gesuchter Gesprächspartner für Savonarola. Der schickte ihm alle seine Schriften und stand ständig mit ihm in Verbindung. Sein Buch über die Einfachheit des christlichen Lebens sandte er Ercole schon in der Rohfassung, mit der Bitte, es noch niemandem zu zeigen. In dem Begleitbrief vom 10. Januar 1497 hieß es:

»Ich bestärke Eure Exzellenz darin, in göttlichen Dingen standhaft zu sein, denn wir haben keine andere Zuflucht als Gott; und vor allem bestärke ich Euch darin, die Stadt von schlechten Menschen zu reinigen, die Ämter in die Hände der Guten zu geben, ihnen die Macht zu geben und sie den Schlechten und Niederträchtigen zu nehmen, weil diese den Zorn Gottes auf das heftigste hervorrufen«. [137]

Von Karneval war in Savonarolas Republik, die eitlem weltlichen Tun abhold war, keine Rede mehr. Dieser Einrichtung, die Lorenzo de' Medici so nachdrücklich gefördert hatte, wurde gründlich der Garaus gemacht. 1495 fiel der Karneval noch mitten in die Zeit des Umbruchs, als ohnehin niemand ans Feiern dachte. Ein Jahr später richtete Savonarola eindringliche Aufforderungen an die Kinder, die traditionellen Karnevalstorheiten zu unterlassen und eine Almosensammlung zu veranstalten:

»Und, wie es Gott gefiel, geschah eine solche Wandlung, daß anstatt der Torheiten sie viele Tage vorher betteln gingen; und anstatt Stangen fandest du an allen Straßenecken Kruzifixe in den Händen heiliger Reinheit. Dergestalt, daß an diesem Tage des Karnevals ... sich die Scharen in den vier Quartieren von Florenz versammelten; jedes Viertel hatte seine Fahne. Die erste war ein Gekreuzigter, die zweite eine Madonna, und so die anderen; mit den Trompetern und Pfeifern des Palastes und den Stabträgern und Dienern, Lobgesänge singend und mit dem Rufe: »Hoch lebe Christus und die Jungfrau Maria, unsere Königin!«, alle mit einem Büschel Olivenzweigen in der Hand, so daß wahrhaftig die weisen Menschen und die guten zärtliche Tränen vergossen, sprechend: ›In der Tat, diese Wandlung ist ein Werk Gottes. Diese jungen Kinder sind es, die die guten Dinge genießen werden, welche er versprach.‹ Und uns schien es, als sähen wir jene Volksscharen von Jerusalem, die vor Christus und hinter ihm herzogen am Palmsonntag, sprechend: ›Gebenedeit seist du, der du kommst im Namen des Herrn!‹« [138]

Anschließend wurde die obligate Prozession veranstaltet. Landucci schätzt die Zahl der teilnehmenden Kinder auf mehr als 6.000 und vermerkt, daß auch seine eigenen dabei waren.

Doch dies war nur ein Vorspiel. 1497 und 1498 fanden die »Verbrennungen der Eitelkeiten« statt, die wesentlich zu Savonarolas zweifelhaftem Nachruhm beigetragen haben. Anfang des Jahres 1497 war eine Savonarola ergebene *Signoria* unter Francesco Valori am Ruder, so daß er es wagen konnte, sein Vernichtungsspektakel auf der Piazza della Signoria aufzuführen:

»Als im Jahre 1497 der Karneval kam, ordnete der Frate an, daß man eine wunderschöne Prozession voller geistlicher Schauspiele veranstaltete um 21 Uhr. Außerdem ließ er auf der Piazza della Signoria eine große hölzerne Konstruktion errichten, wo die eitlen und unzüchtigen Dinge gesammelt wurden, die die Kinder aus allen Teilen der Stadt zusammengetragen hatten. Diese Konstruktion sah folgendermaßen aus.
Die Holzhauer nahmen einen Baum und stellten ihn mitten auf dem Platz auf, er hatte eine Höhe von 30 Ellen. An der Spitze des Baumes befestigten sie viele Balken, die, sozusagen von einem Zentrum ausgehend, in Form einer Pyramide oder eines Zeltes zur Erde strebten. Sie bedeckten eine Fläche von 120 Ellen, die von ganz unten bis zur Spitze bedeckt war mit Besenkräutern, Reisigbündeln, anderen trockenen Hölzern und einer großen Menge Schießpulver. Dieser Aufbau hatte acht Seiten, jede mit 15 Stufen, auf

denen all die Eitelkeiten und die unzüchtigen Dinge waren, verschieden zueinander plaziert mit wunderbarer Kunstfertigkeit. Auf der ersten Stufe waren ausländische Tuche, die zwar sehr wertvoll, aber voller schamloser Figuren waren. Auf der zweiten Stufe war eine große Zahl von Büsten und Gemälden der schönsten Frauen aus Florenz und anderwärts von der Hand der hervorragendsten Maler und Bildhauer. Auf der nächsten Stufe waren Spieltische, Karten, Würfel und *trionfi,* auf der folgenden waren Liederbücher, Harfen, Lauten, Gitarren, Cembali, Dudelsäcke und andere Instrumente. Auf der nächsten Stufe waren die Eitelkeiten der Frauen: Perücken, Schleier, Fläschchen, Salben, Spiegel, Parfums, Puder, Kämme und anderes Unzüchtige. Es folgten Bücher von lateinischen und volkssprachlichen Autoren voller Unzucht, Morganti und andere Abenteuergeschichten, Bücher von Boccaccio, Petrarca usw. Auf der nächsten Stufe waren Masken, Bärte, Kostüme und andere Karnevalsutensilien.

Unter all den Dingen gab es vieles von großem Wert, z. B. sehr vornehme Bilder und Skulpturen, Schachspiele aus Elfenbein und Alabaster, so daß ein venezianischer Kaufmann der *Signoria* 20.000 Dukaten dafür bot. Als Antwort auf dieses Angebot wurde von ihm ein Porträt angefertigt. Das Porträt wurde auf die Spitze der Pyramide auf einen Stuhl gestellt, sozusagen als Herrscher aller Eitelkeiten. Außerdem war dort oben eine Figur, die den Karneval darstellte. Sie war so unförmig und monströs, daß es schwer ist, sie zu beschreiben. Dieses außerordentlich vorzügliche Gerüst war also bestückt. Am Morgen des Faschingsdienstag empfingen viele Tausend aus der Hand des Frate die Kommunion. Sie sangen so viele Psalmen und Hymnen, daß es schien, die Engel seien gekommen, um mit den Menschen auf der Erde zu leben.« [139]

Dann las Savonarola eine Messe und es folgte eine große Prozession nach San Marco. Zum Schluß schwärmten die Wächter, ihre Bediensteten und die Almosensammler mit silbernen Vasen aus, um milde Gaben für die Armen von San Martino einzutreiben.

Der zitierte Autor, Burlamacchi oder ein Benutzer seines Namens, hat das Beschriebene nicht selbst gesehen. Er beruft sich zwar auf Augenzeugen, doch kann man vermuten, daß er sich durch seine Verehrung für Savonarola zu mancher Übertreibung hinreißen ließ. Jedenfalls besteht heute weitgehende Einigkeit, daß kaum etwas wirklich Wertvolles bei diesen Verbrennungen vernichtet wurde. Savonarola war auch kein spezieller Gegner der Renaissancekunst, wie die Kulturhistoriker des 19. Jahrhunderts vielfach unterstellt haben. Goethe hatte Savonarola als »fratzenhaftes, phantastisches Ungeheuer« bezeichnet (in den Anmerkungen zu seiner Celliniübersetzung), und die Historiker, die den Medici zuneigten, sahen in ihm einen borniertenn Kleinbürger, der für »das ganze prachtvolle Gebäude von Kunst und Kultur« [140] kein Verständnis hatte. In der Tat mußte ihm das großspurige Mäzenatentum eines Lorenzo de' Medici, der mit Künstlern glänzen wollte wie andere mit dressierten Hunden, fremd sein. Doch bei den Verbrennungen spielte Kunst im engeren Sinne nur eine ganz untergeordnete Rolle. Savonarola hatte in Bezug auf die Kunstfreiheit einen mindestens so toleranten Standpunkt wie z. B. die heutigen Bürokraten in der DDR:

»Es ist mir nie in den Sinn gekommen, die Dichtkunst zu verdammen, sondern nur den Mißbrauch, den viele mit ihr treiben.« [141]

Verbrannt wurden vielmehr Musikinstrumente, Kosmetikartikel und Karnevalsutensilien, Attribute eines Lebens, das Savonarola mit tiefer Furcht erfüllte und das er als Quell allen Übels sah.

Das Verbrennen hatte Tradition. Bei Hinrichtungen gab es die verschiedensten Möglichkeiten: Hängen, Ertränken, Enthaupten, Rädern, Lebendigbegraben, Einmauern, Sieden usw. Jeder dieser Tötungsarten waren bestimmte Delikte zugeordnet, das Verbrennen war die Strafe für Sodomie, Ketzerei und Hexerei. Auffälligerweise wurden verbrannt nur Leute, die nach heutiger Anschauung keine Verbrecher sind, sondern sich nur durch ein abweichendes Verhalten auszeichneten. Auch das Verbrennen von »Eitelkeiten« war keineswegs Savonarolas Erfindung. Wieder waren es die Bettelmönche, die diese Sitte besonders gepflegt hatten. Z. B. tat sich auf diesem Gebiet der Franziskaner Giovanni Capistrano hervor. Seine ersten Sporen verdiente er sich als Inquisitor in Italien. 1451 schickte ihn der Papst nach Deutschland, um gegen die Hussiten vorzugehen. An vielen Orten ließ er Scheiterhaufen mit »Eitelkeiten« errichten. In Nürnberg waren sechs große Wagen nötig, um alles zusammenzufahren. Giovannis Freund und Mitbruder Bernhard von Siena war ein nicht minder eifriger Verbrenner. An manchen Orten gelang es ihm auch, Strafen gegen Hersteller und Verkäufer von Spielzeug durchzusetzen, das er, wo immer er seiner habhaft wurde, verbrennen ließ. 1424 hielt

Bernhard sich zur Fastenzeit in Florenz auf und nutzte die Gelegenheit zu einschlägigem Tun:

»Kirche und Platz von Santa Croce waren voll von Städtern und Bauern, Weibern und Männern, es waren im ganzen wohl mehrere Tausend. Die Kinder und jungen Leute erhoben ein Riesengeschrei, als Bruder Bernhard die Predigt schloß und begleitet von vielen Brüdern aus der Kirche auf den Platz heraustrat. Nun ließ er den Scheiterhaufen anzünden, auf dem mehr als 400 Spielbretter, einige Körbe voll Würfel, mehr als 4000 Paar alte und neue sonstige Spielzeuge – ein ungeheuerer Haufe –, viele falsche Haare, Schleppen von Frauenkleidern und andere Dinge lagen, zugedeckt mit viel pechgetränktem Reisig. Das gab ein Feuer, schöner als du je eines sahest, dessen Flamme hoch in die Luft schlug, dem Teufel, dem Widersacher Gottes, zum Trotz und unserem Herrn Jesus Christus zu Lob und Ehre und Anbetung.«[142]

Noch im gleichen Jahr finden wir Bernhard von Siena in Rom bei derselben Beschäftigung:

»In diesem Jahr ließ Bruder Bernhard Brettspiele, Liederbücher, Amulette, Wahrsagebücher und falsche Haare, womit sich die Frauen schmückten, verbrennen. Man errichtete auf dem Kapitol einen Holzstoß und alle Dinge wurden angezündet und verbrannt. Und das geschah am 21. Juli.«[143]

1474, ein Jahr vor Savonarolas Eintritt ins Kloster, hatte es auch in Ferrara eine solche Verbrennung gegeben[143a].

Diese Verbrennungen und noch mehr die damit verbundenen Prozessionen hatten die Funktion, das emotionale Vakuum, das der nunmehr verbotene Karneval hinterlassen hatte, auszufüllen. Sie waren Teil einer pietistischen Befriedung der Stadtbevölkerung durch Leute, die fest entschlossen waren, das Leben vor dem Tode zu versäumen zugunsten postmortaler Glückseligkeit. An die Stelle von Parteienhader und irdischem Streben einerseits und Karnevalsvergnügen und Ausgelassenheit andererseits traten Demut, Gottesfurcht, Selbstanklage und Büßerkleid:

»Im Austausch für die sinnlichen Genüsse, derer er sie beraubt hatte, gab Savonarola den Florentinern einen frommen Ersatz. ... Die geistlichen Gesänge provozierten bei denen, die sie hörten, eine naive Ekstase, einen kindlichen Enthusiasmus. Es befiel sie ein befremdlicher Wahn; selbst die Mönche begannen, mitten auf der Straße zu tanzen.«[144]

Gleichzeitig wurde die religiöse Ebene – wie im Mittelalter – wieder zum Feld der politischen Konflikte. Die politische

Rhetorik bediente sich religiöser Argumentationsmuster und Versatzstücke. In einigen Fällen gelang es den Bußpredigern und selbsternannten Propheten sogar, sich für einige Zeit zu politischen Führern aufzuschwingen; Savonarola und Calvin sind die prominentesten Beispiele. Ihre apokalyptischen Donnerreden ergriffen die zutiefst verunsicherten Mittel- und Unterschichten in den von wirtschaftlichen und politischen Krisen geschüttelten Städten. Die Vielen, deren individuelles Selbstvertrauen nur schwach entwickelt war, waren bereit, einem Mann zu folgen, der behauptete, er sei von Gott gesandt. Sie waren bereit, ihre wenigen Alltagsfreuden dreinzugeben, die ihnen nun so eindringlich als eitles und verderbliches Tun dargestellt wurden.

In Brescia erreichte Bernhard von Siena die Ersetzung von Pferde-, Esels-, Kinder- und Dirnenrennen durch »feierliche Bittgänge« [145], in Perugia wurde auf seine Initiative die Stierjagd verboten. Und allerorten, auch in Florenz, wurde den Kindern das Spielen verboten. Stattdessen wurden die Kinder bei Almosensammlungen, Denunziationen, Verbrennungen und Prozessionen eingesetzt. Sie folgten Savonarola bis zuletzt, da er ihnen eine neue Bedeutung verliehen hatte. Im Februar 1498, als seine Position in der Stadt schon höchst umstritten war, versuchte sich Savonarola noch einmal in einer gewaltigen Verbrennung. Diese zweite »Verbrennung der Eitelkeiten« war eine »äußerste Anstrengung, kraft eines unübersehbaren Fanals die eigene Position zu stärken und verlorenen Boden wiederzugewinnen« [146]. Auch 1498 schickten sich die Kinder wieder an, »die Stadt zu reinigen« [147] von Eitelkeiten. Wie im Vorjahr wurde ein Scheiterhaufen errichtet; auf der Spitze war »eine außerordentlich scheußliche Schlange, auf der Luzifer saß mit den sieben Todsünden« [148]. Im Vergleich zum Vorjahr hatte Savonarola an Anhängerschaft eingebüßt, so daß es zu einigen Mißhelligkeiten kam:

»Und am 17. Februar war Karneval und man errichtete auf der Piazza della Signoria einen Scheiterhaufen eitler Dinge, von nackten Gestalten und Spielbrettern, ketzerischen Büchern, Morganti, Spiegeln und vielen eitlen Sachen und großen Wertes, auf mehrere Tausend Florin geschätzt. Wie sie voriges Jahr die Prozession der Kinder machten, so machten sie sie gegenwärtig: In den vier Stadt-

Savonarola diskutiert mit sieben Weisen über die Gabe der Prophetie, Holzschnitt (ca. 1500)

quartieren versammelt, mit Kreuzen und Ölzweigen in der Hand, jedes Stadtviertel für sich geordnet, mit ihren Tabernakeln voran, gingen sie nach dem Mittagessen jenen Scheiterhaufen verbrennen, und obwohl gewisse Leute Ärgernis gaben, indem sie tote Katzen hineinwarfen und ähnlichen Unrat, nichtsdestoweniger legten sie Feuer daran und es verbrannte alles, weil genug Reisig da war. Und wisse, daß der Scheiterhaufen nicht Kindersache gewesen, da er ein Quadrat aus Holz war von mehr als zwölf Ellen nach jeder Richtung, von Zimmerleuten in mehreren Tagen und mit viel Arbeit angefertigt, so daß es notwendig war, eine Wache aus zahlreichen Bewaffneten aufpassen zu lassen, weil bestimmte Leute ihn zerstören wollten, die man *Compagnacci* nennt.«

Die *Compagnacci* waren eine Gesellschaft junger Adeliger, die Savonarola feindlich gegenüberstand. Manche von ihnen hatten auch Verbindung zu Piero de' Medici, der noch immer versuchte, einen Aufruhr zu seinen Gunsten anzuzetteln. Am Rosenmontag hatten die *Compagnacci*, trotz ausdrücklichen Verbots, ein Festmahl abgehalten, bei dem ordentlich gebechert und auch getanzt worden war.

Ein wichtiger Topos bettelmönchischer Bußpredigt ist noch nicht erwähnt worden, der Kampf gegen das »Wucher- und Judenunwesen« [150]. Die Bettelmönche, die die christliche Armut predigten, gehörten zu den schlimmsten Antisemiten; »namentlich waren es die franziskanischen Wanderprediger, die überall in Italien gegen die jüdischen Blutsauger auftraten und eben hierdurch ihre Volkstümlichkeit vermehrten und festigten« [151]. Der Gedanke der christlichen Nächstenliebe vertrug sich offenbar glänzend mit solchem Auftreten. Einer der schlimmsten Hetzer war Bernhard von Feltre. 1488 predigte er auch in Florenz. Es gelang ihm, besonders die Kinder zu begeistern, die ja am leichtesten zu indoktrinieren sind. Schließlich hatte er sie soweit gebracht, daß sie die Läden der Juden mit Steinen bewarfen, was einen von ihnen, Manultino, fast das Leben kostete. Bezeichnenderweise war der Inhaber des Hauses, in dem Manultino seine Pfandleihe betrieb, ein Christ. Die *Otto di Guardia* hatten jetzt genug und warfen Bernhard hinaus, da sie von solcher Unruhe in der Stadt nichts hielten.

Seit den Kreuzzügen hatte sich die Stellung der Juden immer mehr verschlechtert, wozu auch systematisch verbreitete Verleumdungen beitrugen (Hostienschändung, Brunnenvergiftung usw.). In Portugal war es der Großinquisitor

Torquemada, der die Vertreibung der Mauren und Juden durchsetzte. Und der beliebte Scheiterhaufen stand für sie immer bereit. Die Verbrennungen (Autodafés) fanden vorzugsweise an hohen kirchlichen Feiertagen statt, Zuschauen galt als verdienstlich. Gegenüber Ketzern, die widerriefen, ließ man Milde walten; sie wurden vor der Verbrennung erdrosselt. In Italien brachte die Renaissance eine gewisse Besserung. Die bestehenden Sondergesetze gegen Juden gerieten vielfach außer Gebrauch. »Häufig wurden sie auch vom Tragen der vorgeschriebenen Erkennungszeichen [spitzer Hut und gelber Stern] befreit« [152], wie Bernhard von Sienas Biograph, der allerchristlichste Herr Hefele, Pfarrer in Abtsgmünd, mit nicht zu überhörendem Bedauern feststellt. Doch auf lange Sicht verschlechterte sich die Situation der Juden weiter, bis zu ihrer Befreiung in der Aufklärung. Seit dem 16. Jahrhundert wurden sie in bestimmten Wohngegenden konzentriert, den sogenannten Ghettos (die Etymologie dieses Wortes ist unklar). Das erste Ghetto wurde 1516 in Venedig errichtet, Rom folgte 1556 (hier war der Papst der Initiator) und Florenz 1571.

Eine Wurzel des mittelalterlichen Antisemitismus ist darin zu sehen, daß die Domäne der Juden gezwungenermaßen das Geld- und Wuchergeschäft war. Diesen Umstand nutzten die christlichen Prediger geschickt aus, um beim Volke tümlich zu werden. Jugenpogrome waren für die Armen eine gute Gelegenheit, sich die lästigen Gläubiger vom Halse zu schaffen. Eine ähnliche Funktion hatte gelegentlich die Inquisition, wenn es galt, verschuldeten Kardinälen über ihre Zahlungsunfähigkeit hinwegzuhelfen. Auch nach der industriellen Revolution blieb der Antisemitismus ein Bestandteil christlich-sozialer Agitation. Einer der wichtigsten Protagonisten des deutschen Antisemitismus war ein Theologe, der Hofprediger Adolf Stöcker (1835-1909). Er gründete 1881 die »Christlich-soziale Partei«. Ihr Ziel war die Gewinnung der Arbeiter für christliche und patriotische Anschauungen. Zugleich wandte sich die Partei gegen die »kapitalistische Ausbeutung«. Stöckers wilder Antisemitismus und Antiliberalismus führten schließlich zu seiner Entlassung als Hofprediger, da er sich in Widerspruch zu Bismarcks Kartellpolitik gesetzt hatte. August Bebel bemerkte

zu den Völkisch-Sozialen, deren Hauptfeind die Sozialde-
mokratie war: »Antisemitismus ist der Sozialismus der
dummen Kerls«. Hier artikulierten sich reaktionär-antikapi-
talistische Ressentiments, die im weiteren Verlauf der Geschichte noch öfter aus der deutschen Kleinbürgerseele
empordrängten.

Savonarola selbst war kein Antisemit. Der ihm angedichtete
Antisemitismus ist eine Erfindung seiner Bewunderer, von
Gobineau bis Schnitzer. Savonarolas Ansatz war grundsätz-
licherer Natur; er wollte generelle, dem irdischen gleichsam
enthobene Armut:

> »Ich sage allen, d. h. denen, die mehr haben, als sie brauchen, daß
> ihr verpflichtet seid, es den Armen in Christo zu geben. Und nie-
> mand kann sich drücken, denn in unserem Gesetz steht geschrie-
> ben: ›Gebt, was übrig ist, als Almosen‹.« [153]

Savonarola war sich darüber im klaren, daß Akkumulation
und Reichtum, Luxus und Verschwendung nicht die Erfindung der Juden waren, die ja auch bei der Entwicklung des
italienischen Bankwesens eine denkbar geringe Rolle spielten. Die Handelskapitalisten und Bankiers, die Medici,
Pazzi usw. waren sämtlich fromme Christen. Sie hatten Fir-
menkonten *per Dio* (für Gott) eingerichtet, die bei günsti-
gem Geschäftsverlauf aufgestockt wurden. Von diesen
Konten wurden Ausgaben für kirchliche Zwecke bestritten;
so machte man Gott zu seinem Geschäftspartner, was nur
von Vorteil sein konnte. Als Savonarola am 28. Oktober
1496 gegen das Zinsnehmen predigte, würdigte er die Juden
keiner Erwähnung. Stattdessen verlangte er die übliche Prozession: »Betet für die Stadt und sorgt dafür, daß die Frauen
von den Männern getrennt sind, wie wir es das letzte Mal
gemacht haben« [154]. Anschließend ordnete er eine Almosensammlung an, deren Ergebnis den Armen von San Martino zukommen sollte.

Die Laienbruderschaft der *Buonomini di San Martino* (der
guten Männer von San Martino) war Mitte des 15. Jahrhunderts gegründet worden. Ihr gehörten hauptsächlich Gegner
der Mediciherrschaft an, die sich der Armenfürsorge wid-
meten, aber auch politische Gefangene betreuten. Dieser
Bruderschaft flossen durch Savonarolas Spendenappelle
und Aufrufe zu freiwilliger Armut reichliche Mittel zu, die

Mitglieder der Bruderschaft der *Buonomini die San Martino* besuchen Eingekerkerte, Fresko (15. Jahrhundert)

sie unter den Bedürftigen verteilte. Doch bald genügte Savonarola eine solche Einrichtung nicht mehr.

1496 wurde ein *Monte di Pietà*, ein Berg der Barmherzigkeit gegründet, kurz nachdem den Juden das Geldverleihen verboten worden war. Der erste *Monte di Pietà* war 1462 in Perugia errichtet worden. Der Name wurde wohl in Anlehnung an den *Monte comune* (allgemeiner Berg) gebildet. Der *Monte comune*, den es in Florenz seit der Mitte des 14. Jahrhunderts gab, war ein Sammelname für die Staatsanleihen, sozusagen der öffentliche Schuldenberg. Auf der Gründungsurkunde für den *Monte di Pietà* von Mantua aus dem Jahre 1490 ist tatsächlich ein Berg zu sehen, den drei Engel auf ihren Händen tragen [155]. Der *Monte di Pietà* war eine Art öffentliche Pfandleihanstalt. Im Gegensatz zu den großen Finanzgeschäften wurden die Pfandleihen traditionell von Juden betrieben. Hierher trugen die Mittellosen ihre armselige Habe, wenn der Lohn nicht bis zur Auszah-

87

lung des nächsten reichte. Seit 1435 waren die Juden in Florenz als Geldverleiher mit bestimmten Privilegien tätig, die sich die Stadt natürlich bezahlen ließ. Ihre Aufgabe war es, wie gesagt, die Arbeiter, Barbiere, Drogisten, Trödler, armen Priester und Kleinhändler mit barem Geld zu versorgen.

Mit dem Sturz der Medici begann eine neuerliche Agitation gegen die Juden. 1494 erschien eine Schrift, die vorrechnete, daß ein Kredit von 100 Dukaten bei einem Zinssatz von 30 % nach 50 Jahren auf 49.792.556 Dukaten angewachsen sein würde [156]. Im Dezember 1495 wurden die Privilegien der Juden widerrufen und es wurde ihre Ausweisung beschlossen. Durch eine Intervention Savonarolas kam es aber nicht zur Ausführung dieses Beschlusses. Im April wurde der *Monte di Pietà* gegründet, gegen einen gewissen Widerstand; das Abstimmungsergebnis im *Consiglio Maggiore* war 472 zu 92 [157]. Doch schon im November des gleichen Jahres mußte sich die Stadt wieder an die Juden wenden, da sie angesichts außenpolitischer Verwicklungen dringend Geld brauchte. Gegen eine Zahlung von 3.000 Florin erhielten die Juden nun die ausdrückliche Erlaubnis, in der Stadt zu bleiben. Nach der Rückkehr der Medici 1512 erhielten die Juden endgültig ihre alten Privilegien wieder, was auch insofern notwendig war, weil der *Monte di Pietà* wegen chronischen Geldmangels nicht funktionierte.

Kinderpolizei

Den Kindern kam in Savonarolas theokratischer Diktatur eine ganz besondere Bedeutung zu. Das noch nicht geschlechtsreife Kind mußte Savonarola als Inkarnation der gottesfürchtigen Reinheit erscheinen, nach der er strebte. Das unberührte, unschuldige Kind war die lebende Negation einer Welt der Lasterhaftigkeit und des Verfalls:

»Das sentimentale Verhimmeln des Kindes als eines Symbols der Reinheit gehört zu jenen Äußerungen bürgerlichen Geistes, die zugleich Mittel und Ausdruck der erzwungenen Verinnerlichung von Triebregungen sind. Man dichtet dem Kind eine Freiheit von Begierden an, in der die schwere Entsagung, die man selbst zu leisten hat, mühelos verwirklicht ist.« [158]

Die kindliche Unschuld, das Nichtwissen von der Welt (im positiven wie im negativen Sinne), war geeignet, den religiös-sittlichen Appell in besonderem Maße zu brutalisieren. Die Kinder waren Savonarolas fanatischste Anhänger und nach seiner Niederlage wandten sie sich mit gleicher Entschlossenheit gegen ihn. Als er verbrannt wurde, bewarfen sie noch die Leiche mit Steinen. Mit Hilfe der Kinder trug Savonarola die Auseinandersetzungen über seine Person in die Familien hinein; er gab den Kindern, die bisher der unbedingten Botmäßigkeit des Vaters unterstanden hatten, eine neue Rolle. Parteienhader und Lauheit der Erwachsenen wurden überwunden durch eine fanatische Masse von Kindern. Wenn sie Almosen sammelten, gab es kein Entkommen. Mit Stöcken bewaffnet lauerten sie an jeder Straßenkreuzung. Durch die Kinder wurde Savonarolas Moral zur öffentlichen Gewalt.

Dem Mönch gelang es offenkundig, die Florentiner Kinder in erstaunlichem Maße zu mobilisieren und auch zu brutalisieren. Im Mittelalter waren die Kinder in der Großfamilie notdürftig sozialisiert worden. Kaum waren sie der Mutter oder Amme hinreichend entwachsen, wurden sie der Welt der Erwachsenen zugeschlagen, in einem Alter, das dem des heutigen Schuleintritts entspricht. Dies wurde anders, als seit dem 15. Jahrhundert die Schulbildung ständig ausge-

dehnt und zugleich säkularisiert wurde. Hatten die Kloster-
schulen im wesentlichen die Aufgabe gehabt, den Klerus mit
Nachwuchs zu versorgen, so wurde die Schule nun »zum
normalen Instrument der gesellschaftlichen Initiation« [159].
Nicht mehr Raubzüge veranstaltende Ritter garantierten
den Reichtum des Staates, sondern Nah- und Fernhandel
treibende Kaufleute und die mußten lesen, schreiben und
vor allem rechnen können. Und dazu war eine schulische
Ausbildung nötig. Der der Mutter entwachsene Kaufmannssohn wurde nicht mehr sogleich Lehrling, sondern
zunächst Schüler. An die Stelle des frühzeitigen Initia-
tionsritus, der das Kind mit einem Schlage zum Erwachsenen gemacht hatte, rückte die Pubertät:

»Die Familie und die Schule haben das Kind mit vereinten Kräften
aus der Gesellschaft der Erwachsenen herausgerissen.« [160]

Die erste Phase der Pubertät beginnt mit zehn bis elf Jah-
ren (im Spätmittelalter wohl eher noch früher). In dieser
Phase starker Unsicherheit im sozialen Verhalten entsteht
ein starkes Bedürfnis, Gut und Böse zu unterscheiden; die
Kinder suchen nach undifferenzierten Normen, zu deren
unbedingter Durchsetzung sie bereit sind. Die katholische
Kirche, die zunächst nur dem Guten das Wort geredet hatte
(Nächstenliebe usw.), adaptierte das Gut-Böse-Schema
durch die Einführung von Heiden, Barbaren, Hexen und
Teufeln. Die Hexenprozesse griffen seit der zweiten Hälfte
des 15. Jahrhunderts wie eine Epidemie um sich. Sie sind
keine mittelalterliche, sondern eine zutiefst neuzeitliche Er-
scheinung.
In Florenz organisierte sich die jugendliche Oberschicht in
Bünden, für die unteren Schichten war die Straße der Ort
sozialer Kommunikation. In Gruppen entwickeln die
Kinder vom Elternhaus unabhängige »eigene Normen« und
damit ein Gefühl der Überlegenheit. Ihr unbewußter
Wunsch nach sozialer Omnipotenz war der Ansatzpunkt für
Savonarolas Wirken. Das kindliche Streben, herauszufinden, was gut und wahr ist, nutzte er geschickt für seine Absichten. Er gebrauchte dabei religiöse Argumentationsmuster, denen sich kaum ein Erwachsener mit einiger Aussicht
auf Erfolg widersetzen konnte.

Kinder beim Spiel

Die Frauen, die sonst bis zum äußersten verachtet wurden, erlangten einzig durch die Kinder Bedeutung: »Wenn Girolamo Savonarola zu den Frauen und Kindern sprach, appellierte er ... an die Kräfte der Mutterliebe.«[162] In fast jeder Predigt sprach Savonarola die Kinder direkt an. Sie spielten bei den religiösen Schauspielen, die an die Stelle früherer Lustbarkeiten getreten waren, die größte Rolle. Burlamacchi beschreibt uns die Prozession am Palmsonntag des Jahres 1496:

»Es wurde in der Prozession ein demütiger und frommer Tabernakel geführt. ... Nach dem Tabernakel folgten viele Kinder in Paaren in der Gestalt wunderschöner Engel, die aus dem Paradies gekommen zu sein schienen. Die Zahl der Kinder betrug 8.000 und es war wunderbar, ihre Ordnung und ihre Ruhe zu sehen und, wie der Zug zusammengesetzt war. So marschierten sie mit großer Inbrunst, Psalmen singend und ihre Gebete aufsagend. Viele von ihnen trugen kleine Gefäße, um Almosen für den *Monte di Pietà* zu sammeln. Nach den Kindern folgten der Reihe nach die ganzen Orden und anschließend der Klerus. Danach kam eine unübersehbare Menge von Weltlichen ... Dann folgten die Mädchen, weiß gekleidet und mit einer Girlande im Haar. Am Schluß kamen alle übrigen Frauen.«[163]

Diese Prozession spiegelt sehr genau die gesellschaftliche

Rangordnung, wie Savonarola sie sich erträumte. Es beginnt mit den Engeln aus dem Paradies, die von den Kindern repräsentiert werden, womit natürlich nur die Knaben gemeint sind. Es folgt die Geistlichkeit, dann die Bürgerschaft und ganz zum Schluß der weibliche Teil der Menschheit, wobei die Mädchen immer noch besser dran sind als die Frauen.

Doch Savonarola begnügte sich keineswegs mit solchen demonstrativen Akten. Die Kinder waren sein wichtigstes Herrschaftsinstrument. In der Fastenzeit, die der geschilderten Prozession vorausging, hatten sie erstmals von sich reden gemacht. Am ersten Tag wurden im Dom spezielle Stufen für sie angebracht, damit sie Savonarolas Predigten besser folgen konnten. Der Mönch brachte es fertig, »daß man des Morgens kein Kind im Bett zurückhalten konnte; alle liefen sie noch vor der Mutter zur Predigt« [164]. Und noch im Fastenmonat schritten die Kinder zur Tat:

»Und am 27. wurden die Kinder vom Frate darin bestärkt, die Körbe mit Karnevalsbrezeln wegzunehmen ebenso die Bretter der Spieler und viel Unanständiges, das die Frauen benutzten, so daß, wenn die Spieler hörten, es kämen die Kinder des Frate, jeder floh. Noch gab es eine Frau, die die Kühnheit hatte, anders als der Sitte gemäß angezogen auszugehen.« [165]

Zwei Tage später durchkämmten die Kinder systematisch die ganze Stadt:

»Sie gingen ... überall hin, längs der Mauern, in die Tavernen, wo immer sie Ansammlungen bemerkten, und dies taten sie in jedem Viertel, und wer sich gegen sie aufgelehnt hätte, wäre in Lebensgefahr gewesen, es mochte sein wer auch immer.« [166]

Es sei angemerkt, daß diese Schilderungen von einem Verehrer Savonarolas stammen.

Die Kinder waren es auch, die das Material für die Verbrennungen der Eitelkeiten zusammentrugen. Ihr Tun gewann solche Bedeutung, daß eine eigene Institution geschaffen wurde, die Kinderpolizei. Joseph Schnitzer teilt uns die Grundzüge ihrer Satzung mit:

»Die Mitglieder verpflichteten sich hierdurch zur gewissenhaften Beobachtung der Gebote Gottes und der Kirche, zum öfteren Empfange der heiligen Sakramente der Buße und des Altars, zum andächtigen Gebete, zum fleißigen Besuch des Gottesdienstes und der Predigt. Sie machten sich ferner verbindlich, weltliche Schauspiele,

Wettrennen, Maskenzüge und dergleichen, aber auch Fecht-, Tanz- und Musikschulen zu meiden, standesgemäße, einfache Kleidung und kurzgeschnittenes Haar zu tragen und Spiele, schlechte Gesellschaften, unschamhafte Bücher und Dichter in italienischer und lateinischer Sprache wie Giftschlangen zu fliehen.«[167]

Laufen, Tanzen und Singen war den kindlichen Polizisten verboten. Stattdessen hatten sie in den Straßen zu patrouillieren und nach Spielen und anderem verbotenen Tun Ausschau zu halten. Frauen, die zu luxuriös oder unzüchtig gekleidet waren, hatten sie zu ermahnen. Schließlich war es ihre Aufgabe, die Häuser ihrer Eltern und auch anderer Bürger nach anstößigen Dingen aller Art zu durchsuchen. Es wurde ein System der Inquisition und Denunziation geschaffen, dessen besondere Raffinesse darin bestand, die Kinder gegen ihre eigenen Eltern aufzuhetzen.

Die Kinderpolizei war in der ganzen Stadt organisiert. In jedem Viertel gab es ein Oberhaupt, dem vier Berater zur Seite standen. In den Händen dieser fünf lagen alle Entscheidungsbefugnisse. Ihnen untergeordnet war eine Reihe von Ämtern:

– die Friedensstifter, zur Aufrechterhaltung der Eintracht
– die Ordner für die Prozessionen
– die Mahner, »die den Fehlenden die brüderliche Zurechtweisung erteilten«[168]
– die Almosensammler
– die Säuberer, die Ungehöriges auf den Häuserwänden zu übertünchen hatten

Die wichtigsten Amtsträger aber waren die *inquisitori*, die Untersucher. Sie zogen an jedem Feiertag zweimal durch die ganze Stadt, um Spieler und andere frevelhafte Menschen aufzuspüren. Die Kinderpolizei hatte, von den politischen Instanzen mit Vollmachten ausgestattet, beinahe den Charakter eines Staates im Staate:

»Die kleine Republik der Kinder hatte den Charakter einer christlichen Demokratie, wie sie Fra Girolamo herbeiwünschte, und wir müssen sie als eine Verwirklichung des politischen Ideals des Dominikaners im Kleinen ansehen.«[169]

Die Kinderpolizei war der organisatorische Ausdruck von Savonarolas Kampf gegen Sinnlichkeit, gegen Weltzugewandtheit und gegen *vanagloria*, Eitelkeit. Die wörtliche

Übersetzung von *vanagloria* wäre »leerer Ruhm«, was wohl Savonarolas Vorstellung von der Nichtigkeit des Irdischen entspricht:

>»In allen seinen Werken floh er mit äußerster Anstrengung die Eitelkeit wie einen Pestbazillus. Deshalb nahm er oft einen winzigen Totenkopf aus Elfenbein in die Hand, den er viele Male sehr gründlich betrachtete, um die Reize der Eitelkeit zu unterdrücken.«[170]

Verinnerlichung, und durch sie Innerlichkeit, war Savonarolas Ziel; durch sie sollte soziale Stabilität garantiert werden. Die aufgestauten Aggressionen wurden religiös umorientiert. Während Savonarola ständig zum Frieden und zur Liebe zwischen den Bürgern mahnte, fand der Neid der Armen auf die vom irdischen Glück Beschiedenen in rigorosem Puritanismus seine Befriedigung. Ein immer wiederkehrendes Thema war die Notwendigkeit, gegen Putzsucht, Luxus, unzüchtige und kostbare Kleidung vorzugehen. Hochzeitszüge wurden verboten wegen ihrer sittlichen Gefahren. Das gesparte Geld sollte den Armen gespendet werden.

Die Putzsucht war Anlaß für Savonarola, sich in seinen Predigten auch wiederholt an die Frauen zu wenden:

>»Maria, die Mutter der schönen Liebe, erwartet von ihren Töchtern, daß sie sittsam und mit bedecktem Haupte ohne so viele Überkleider und Netze einhergehen. Manche tragen feine Kleider im Wert von zwei Dukaten – das sind keine Töchter der seligsten Jungfrau. Darum, ihr Frauen, schämet euch nicht, aus Liebe zu Christus ehrbar und einfach gekleidet zu gehen, der aus Liebe zu euch nackt am Kreuze hing!«
>»Gehet nach Genua und sehet, wie dort die Frauen ganz bedeckt sind!«
>»Lernet Ehrbarkeit von den Türkinnen, die sogar ihr Gesicht mit einem schwarzen Schleier verhüllen!«[171]

Schließlich forderte Savonarola die Frauen auf, zur Tat zu schreiten:

>»Wenn sich die Behörden einer obrigkeitlichen Regelung euerer Trachten entziehen, so nehmet die Sache selbst in die Hand; um die Einzelheiten kümmere ich mich nicht, das ist eure Sache.«[172]

Die sonst bei jeder Gelegenheit gedemütigten Frauen beeilten sich, der Anweisung Folge zu leisten. Sie traten zusammen und einigten sich auf eine Art der Bekleidung, die den

Anforderungen des Frate genügte. Eine solche »freiwillige« Übereinkunft übte natürlich einen weit stärkeren Zwang zur Konformität aus als die offenbar fehlende behördliche Vorschrift. Savonarola machte den Frauen noch weitere Vorschläge. So empfahl er ihnen z.B., ihre Kinder nicht zu Ammen zu geben. Es bestünde die Gefahr, daß mit deren Muttermilch ihre niedrige sittliche Geisteshaltung in die Kinder überginge. Hier zeigt sich Savonarolas wahre Liebe zu den unteren Schichten.

Auch aus der Wissenschaft, oder doch einer übermäßigen Beschäftigung mit ihr, erwuchsen nach Savonarolas Überzeugung Gefahren. Die Lektüre der Klassiker wollte er an den Schulen auf Homer, Vergil und Cicero beschränkt sehen. Bei weiterem Nachdenken kam Savonarola zu der Erkenntnis, daß es am besten wäre, die Kenntnis der Wissenschaft auf einige wenige zu beschränken. Diese Spezialeinheit sollte bereit gehalten werden für Auseinandersetzungen mit feindlichen Gelehrten. Für den Durchschnittsmenschen aber seien die Kenntnis der Grammatik, der guten Sitten und Religionsunterricht ausreichend. Jacob Burckhardt bemerkt dazu: »Kindlicher kann man nicht raisonnieren.«[173] Er wußte noch nicht, daß später einmal seine deutschen Landsleute 1000 Jahre lang ein solches Bildungssystem nicht nur einer Stadt, sondern ganzen Völkern einpflanzen wollten.

Ähnlich wie für die Wissenschaft erhob Savonarola auch für die Kunst die christliche Einfalt zur obersten Richtschnur. Er »geißelte namentlich die Darstellung des nackten Körpers als unkeusch und verderblich, zumal da die Gemälde in den Kirchen« die Bücher für Kinder und Frauen seien«[174]. Savonarola wandte sich gegen den Naturalismus in der religiösen Kunst, gegen die »sinnliche, heidnische Richtung«[175]. Er legte den Künstlern nahe, mehr nach Ideenschönheit als nach Formvollendung zu streben. Natürlich war es ihm auch ein Dorn im Auge, daß manche Maler auf ihren Bildern nicht nur biblische Gestalten, sondern auch gewöhnliche Menschen darstellten. Tatsächlich waren viele Künstler von Savonarola fasziniert, wenn auch die Behauptung, einige hätten ihre »unzüchtigen« Bilder vernichtet, wohl in den Bereich der Legende gehört. Aber manche veränderten ihren Malstil grundlegend und einige traten sogar in den Dominikanerorden ein und hörten ganz mit ihrer Arbeit auf. Von denen, die Savonarola in seinen Bann zu schlagen vermochte, ist Sandro Botticelli zum größten Nachruhm gelangt. Doch gerade in seiner Person zeigt sich die ganze Widersprüchlichkeit.

In einer Zeit, in der Gemälde Handelsware wurden und sich ein Kunstmarkt bildete, mußte ein Künstler, der von seiner Arbeit leben wollte, für Leute arbeiten, die Geld hatten. Botticellis wichtigste Auftraggeber waren Papst Sixtus IV. und die Medici. Nach dem Tode von Lorenzo de' Medici wurde Botticelli immer mehr zum Anhänger Savonarolas, dennoch arbeitete er weiterhin überwiegend für die Medici. Gleichzeitig versuchte er Savonarolas Kunstauffassung praktisch umzusetzen und hielt ihm auch nach dessen Tod die Treue. Seine Werkstatt wurde zum Treffpunkt der verbliebenen Parteigänger des Frate. Im Jahre 1501 malte Botticelli die *Natività mistica*, die mystische Geburt Christi (heute in der National Gallery, London). Bei diesem Bild hielt er sich besonders eng an Savonarolas Vorschriften. Aber künstlerisch ist das Ergebnis unbefriedigend:

»Die absichtliche Verleugnung fast jeder Perspektive, die Vernachlässigung der Proportionen, die Absage gegen jede individuelle Verschiedenheit in einer Zeit, in der das künstlerische Wissen gerade den höchsten Grad erreichte, ist zu gesucht, um zu befriedigen, so wenig wie es die Kunst der Zeit in neue gesunde Bahnen führen konnte.« [176]

Bei den Präraffaeliten mochte ein solches Bild Begeisterung erwecken, sie feierten seinen Ankauf durch die National Gallery. Doch heute ist Botticelli als Maler des »Frühlings«, der »Geburt der Venus« und als Illustrator der »Göttlichen Komödie« berühmt.

Was Savonarola mit aller Entschlossenheit bekämpfte, war das mittelalterliche Körpergefühl, das unmittelbare Verhältnis zum eigenen Leib, das dem zivilisierten Europa der Neuzeit so »barbarisch« und »heidnisch« anmutete. Damals begannen Puritaner, Asketen und bürgerliche Rationalisten »jene unsichtbare Mauer von Affekten, die sich gegenwärtig zwischen Körper und Körper der Menschen, zurückdrängend und trennend, zu erheben scheint« [177], zu errichten. Im Mittelalter war das Verhältnis zum Körper ein unmittelba-

96

Savonarola, Titelkupferstich der Biographie von Burlamacchi
(1764)

res gewesen; die ausreichende Befriedigung des Sexual-
triebes galt als der Gesundheit förderlich. Bordelle gab es
fast in jeder Stadt. Die Prostituierten standen unter dem besonderen Schutz der Obrigkeit, sie waren natürlich auch
geschätzte Steuerzahler. Der Geschlechtsverkehr zwischen
unverheirateten Geschwistern wurde zumindest geduldet,
uneheliche Kinder waren den ehelichen weitgehend gleich-
gestellt. Im Normalfall schlief die ganze Familie einschließlich Gesinde in einem Raum. Kleidung hatte eine funktio-
nale Bedeutung, wo sie als überflüssig oder lästig angesehen
wurde, fiel sie fort. Unterwäsche, Badeanzug und Nacht-
hemd sind Erfindungen der Neuzeit.
Erst bürgerliche Rationalität erforderte ein bis dahin unge-
kanntes Maß an Triebverzicht:

»Erst mit dem Übergang von der Natural- zur Geldwirtschaft, mit

97

aufkommender Arbeitsteilung, mit dem Auseinanderfallen von Produktion und Konsumtion, mit der Notwendigkeit zunehmenden Triebaufschubs und Triebverzichts wird das Lustprinzip immer mehr durch das Leistungsprinzip verdeckt. Dies real abzustützen und mit Sinn zu versehen, leistete die Morallehre der Kirche, die in ihrer Frühzeit noch keinen weitreichenden Einfluß auf das reale Verhalten der Menschen hatte und somit die Ablehnung von Sinnlichkeit zwar theoretisch fordern, aber praktisch nur bei einzelnen Individuen in ihren eigenen Reihen, nicht aber auf breiter Basis durchsetzen konnte. Nachdem allerdings die ökonomischen Voraussetzungen geschaffen waren, bekamen die kirchlichen Morallehren Gewicht für das gesellschaftliche Leben und legitimierten die in der Phase der primären Akkumulation angelegten lustfeindlichen Tendenzen. Die grundsätzliche Leibfeindlichkeit der Kirche führt nun zu Verachtung, zum Haß gegen alles, was nicht der reinen Ratio, dem reinen Willen unterworfen ist.« [178]

Es kann nicht oft genug betont werden, daß unser Mittelalter zwar »christlich« war, daß aber die Kirche fast das ganze Mittelalter brauchte, um ihre Moralvorstellungen (Einehe usw.) durchzusetzen. Sexualität wurde zunehmend nach außen projiziert, z. B. auf die Hexen, deren Verehrung des Teufels oft phalluskultischen Charakter hatte. Manche Hexen gaben bei den Vernehmungen an, es sei bis zu 50 geschlechtlichen Vereinigungen in einer Nacht gekommen. Auffallend ist, daß der Teufel erst seit dem Spätmittelalter für die kirchliche Lehre eine größere Rolle spielt:

»Die Theologen und Juristen, die seit dem 15. Jahrhundert die Theorie und Praxis der Hexenprozesse kultivierten, haben auch die genauere Naturgeschichte des Teufels festgestellt.« [179]

Auch außerhalb des Hexensabbats trat der Teufel häufig in einem sexuellen Kontext auf. Ein verbreitetes Motiv war, »wie der Teufel eine Nonne reitet« [180]. In der bildenden Kunst, die in dieser Zeit ebenfalls begann, sich mit ihm zu beschäftigen, trugen die Teufel häufig Masken, die die Geschlechtsorgane und das Gesäß verdeckten:

»Diese phantastischen (›perversen‹) Gebilde ... wirken wie süchtige Projektionen des Menschen auf den ihm entfremdeten Sitz seiner Fleischeslust.« [181]

Dagegen erschienen die Kinder Savonarola wie Engel, die in luftiger Höhe übersinnlich-unsinnlich über den irdischen Trieben schwebten. Die irdischen Triebe aber wurden im wörtlichsten Sinne verteufelt.

Savonarola — ein bürgerlicher Führer

Die nicht wenigen Biographien, die über Savonarola geschrieben worden sind, ergehen sich ausführlich über den Beter, den Mystiker, den Propheten, den Reformator usw. usf. Kaum aber einmal ist Savonarola als Politiker, als Vertreter bürgerlicher, mittelständischer Interessen das Thema. Neben dem extremen Puritanismus und Fanatismus Savonarolas, der in der Literatur häufig Gegenstand der Bewunderung oder — seltener — der Verachtung war, hatte aber seine »Diktatur Gottes« auch einen rationalen Zug, ein starkes bürgerliches Element, das Savonarolas Tod denn auch überdauerte. Die von ihm durchgesetzte Verfassungsreform trug entschieden populistische Züge. Erstmals seit sechzig Jahren war die patrizische Oberschicht, die es mit den Medici gehalten hatte, praktisch völlig ausgeschaltet. Der bürgerliche Mittelstand gab politisch den Ton an. Wenn Savonarola predigte, wurde die Kirche zum Ort populärer Massenversammlungen.

Max Horkheimer veröffentlichte 1936 in der »Zeitschrift für Sozialforschung« seinen Essay »Egoismus und Freiheitsbewegung. Zur Anthropologie des bürgerlichen Zeitalters«. In diesem Essay entwickelt Horkheimer am Beispiel von Cola di Rienzo, Savonarola, Martin Luther und Robespierre den Begriff des »bürgerlichen Führers«:

»Aus dem Bestreben des Bürgertums, die eigenen Forderungen nach einer vernünftigeren Verwaltung mit Hilfe verzweifelter Volksmassen gegen die Feudalmächte durchzusetzen und gleichzeitig die Herrschaft über diese Massen zu befestigen, ergibt sich die eigentümliche Form, wie um ›das Volk‹ gerungen wird. Es soll einsehen, daß die nationale Neuerung auf die Dauer auch für es selbst Vorteile bringen wird. Mit dem Verschwinden der schlechten Verwaltung wird freilich keine allgemeine Sorglosigkeit anbrechen ... ; vielmehr bedeuten die neuen Freiheiten eine stärkere Verantwortung jedes einzelnen für sich und seine Familie, eine Verantwortung, zu der er durch erzieherische Mittel anzuhalten ist. Man muß ihm ein Gewissen machen. Indem er für die bürgerlichen Freiheiten kämpft, soll er zugleich sich selbst bekämpfen lernen. Die bür-

Ansicht von Florenz, Holzschnitt (1490)

gerliche Revolution führte die Massen nicht in den dauerhaften Zustand einer freudvollen Existenz und allgemeinen Gleichheit, sondern in die harte Realität der individualistischen Gesellschaft. Diese historische Situation bestimmt das Wesen des bürgerlichen Führers. Während seine Handlungen unmittelbar den Interessen besonderer Gruppen von Besitzenden entsprechen, klingt in seinem Auftreten und Pathos überall das Elend der Massen hindurch.« [182]

Diese Interpretation ist unter dem Eindruck des siegreichen deutschen Nationalsozialismus entstanden, vor dem Horkheimer nach Paris hatte fliehen müssen.

Dagegen betonte Ernst Bloch, daß die Gleichheitsforderung der bürgerlichen Revolution auf die spätere sozialistische vorausweise und idealistische Moral nicht bloßer Trug sei. Horkheimer habe zeigen wollen,

»daß dem Bürgertum von Anfang an, auch in seinen progressiven Erhebungen, jene Züge eignen, die dann ›wie ein schlechter Abklatsch‹ im Faschismus sich wiederholen. Die Züge interessierter Lustfeindlichkeit, des Terreur, der Wut über Unmoral, über Epikureismus und Materialismus, über aristokratische Existenz, kurz eines ›tiefen erotischen Ressentiments‹.« [183]

Bloch hat recht, wenn er gegen Horkheimer betont, daß »die bürgerliche Revolution als Stammbaum der proletari-

Savonarola predigt in San Marco, man beachte den Vorhang, der die Männer von den Frauen trennt, Holzschnitt (1495)

schen« [184] nicht geleugnet werden kann, trotz all des Furchtbaren, wozu Bürgertum, arriviertes und schon wieder depossediertes Bürgertum, im 20. Jahrhundert fähig war. Doch entscheidend ist der von Horkheimer herausgearbeitete Zusammenhang zwischen dem sozialen Pathos der bürgerlichen Führer und dem tatsächlichen Verrat der Interessen der unteren Schichten.

Die Bourgeoisie bedurfte der Mobilisierung der Straße zur Durchsetzung ihrer Ziele gegen die alten feudalen Kräfte. Das Bürgertum schritt auf dem Pfad des historischen Fortschritts gern mit dem Druck der Straße im Rücken voran. Doch hatte es erst die feudale Herrschaft beseitigt, wollte es selbst herrschen und selbst ausbeuten, aber nicht in der herkömmlichen Weise, sondern mit rechnender Effizienz. An die Stelle des Ritters in schimmernder Wehr trat der Buchhalter, an die Stelle des Schwertes der Ärmelschoner. Savonarolas Vater war Kaufmann und kein erfolgloser. Das Bürgertum war das historische Subjekt des Finanzkapitalismus. Es ging nicht aus den alten Gewalten hervor, sondern formierte sich im Kampf gegen sie. Ziel des Kaufmanns war nicht demonstratives Privatleben, wie es die Adeligen in

101

ihren Loggien führten, und auch nicht ostentativer Konsum und Mäzenatentum bei gleichzeitiger Vernachlässigung der Geschäfte, wie es für Lorenzo de' Medici charakteristisch war. Der Kaufmann wollte dem Zirkulationsprozeß möglichst viele Waren zuführen, d. h. möglichst viel verkaufen; andererseits wollte er dem Zirkulationsprozeß möglichst viel Geld entziehen, d. h. möglichst viel verdienen:

»Je mehr er produziert, desto mehr kann er verkaufen. Arbeitsamkeit, Sparsamkeit und Geiz bilden daher seine Kardinaltugenden, viel verkaufen, wenig kaufen die Summe seiner politischen Ökonomie.« [185]

Auf der Strecke blieben diejenigen, die nichts zu verkaufen hatten als ihre Arbeitskraft, bei denen die Summe der politischen Ökonomie im nackten Überleben bestand.
Savonarola redete fast ununterbrochen von den Armen, für die man zu spenden hatte. Aber er verweigerte sich jedem Nachdenken über die gesellschaftlichen Ursachen der Armut. Den »kleinen Leuten« kam lediglich die Funktion zu, eine akklamierende Kulisse bei Savonarolas öffentlichen Auftritten zu bilden. Wenn er in seinen politischen Auslassungen vom *popolo*, vom Volk sprach, so meinte er stets nur die Mittelschicht der Handwerker, Gewerbetreibenden und kleinen Kaufleute. In Savonarolas Traktat über die Regierung der Stadt Florenz heißt es:

»Aber weil es schwierig sein wird, das ganze Volk zu versammeln, muß man eine bestimmte Anzahl von Bürgern festsetzen, die ihre Amtsgewalt vom ganzen Volk haben. Weil eine kleine Anzahl durch Freundschaften und Bestechungen korrumpiert werden könnte, muß man eine große Zahl von Bürgern festsetzen. Weil andererseits vielleicht jeder dazugehören möchte, was Verwirrung stiften würde, und weil vielleicht sich die Plebs in die Regierung einmischen würde, was rasch Unruhe verursachen würde, muß man die Zahl der Bürger so festsetzen, daß die, die stören, nicht hineinkommen. Deshalb ist die Anzahl von Bürgern festgelegt worden, die wir den *Consiglio Maggiore* nennen; und es besteht kein Zweifel, daß er der Herr der Stadt ist.« [186]

In dieser Verteidigungsschrift, die Savonarola kurz vor seinem Ende schrieb, wird der Klassencharakter des *Consiglio Maggiore* ganz deutlich. Savonarola war nicht nur ein fanatischer spätmittelalterlicher Bußprediger, sondern für kurze Zeit wurde er zum politischen Führer des Florentiner

Die symbolische Kreuzigung von Botticelli (Anfang 16. Jahrhundert), das
gezüchtigte Tier soll möglicherweise ein Löwe, also das Symbol von Florenz,
sein

Bürgertums. Dies macht ihn wichtiger als seine nicht minder unsympathischen Kollegen.

Erst durch Savonarolas Eingreifen kam es in Florenz zu einer radikalen Verfassungsreform. Nach dem Sturz der Medici am 9. November 1494 wurde fast einen Monat lang versucht, eine Neuordnung der Verhältnisse mit einem »Minimum an konstitutioneller Veränderung« [187] zu erreichen. Erst nach der Volksversammlung vom 2. Dezember, die die Institutionen der Mediciverfassung auflöste, begannen sich langsam die von der politischen Macht abgedrängten bürgerlichen Schichten zu artikulieren. Mit Savonarolas Hilfe gewannen sie dann in der Verfassung vom 22./23. Dezember die Oberhand. Während er früher nur allgemeine Ratschläge gegeben hatte, griff er mit seiner Predigt vom 7. und noch mehr mit der vom 14. Dezember (vgl. Seite 64 ff) direkt in den politischen Entscheidungsprozeß ein. Die neue Verfassung blieb mit Modifikationen bestehen, bis die Medici 1512 die Stadt im Sturm zurückeroberten. Drei Jahre nach Savonarolas Tod hatte die *Signoria* bei Michelangelo den David in Auftrag gegeben. 1504 war er fertiggeworden und wurde vor dem Eingang des Palazzo Vecchio aufgestellt, als Symbol des Willens zur Freiheit, der damals die Stadt erfüllte, die dem Heer, das zugunsten der Medici intervenierte, aber nicht standhielt.

Mit der Beschreibung von Savonarolas ideologischer Position ist aber noch nichts über sein politisches Durchsetzungsvermögen gesagt. Es gelang dem Prediger, die Stadt in einen Zustand rauschhafter Betäubung zu versetzen. Er reformierte das öffentliche und das private Leben, aber mit den ökonomischen Problemen kam er nicht zu Rande. Die Löhne fielen, Hungersnöte und Epidemien suchten die Stadt heim. Als Karl VIII. mit seinem Heer auf Florenz zumarschierte, nutzten die Pisaner die Gelegenheit und schüttelten das florentiner Joch ab (erst 1509 wurde die Stadt zurückerobert). Das Hauptproblem war, wie immer, daß die Stadt kein Geld hatte. Eine Steuerreform jagte die andere, ohne daß sich eine Lösung abzeichnete. Es war nur eine Frage der Zeit, bis die nüchtern rechnenden Kaufleute, die in Florenz über kurz oder lang immer den Ton angaben, des Bußpredigers überdrüssig wurden.

Der Papst liebt Savonarola nicht mehr

Als nach dem Sturz der Medici Savonarola ganz unverhofft eine gewaltige politische Autorität zufiel, zog er viele, auch sonst kritische Geister in seinen Bann. Unter ihnen war auch ein so bedächtiger und abwartender Mann wie der Neuplatoniker Marsilio Ficino. Später verfaßte er eine *Apologia*, um seinen Fehltritt zu entschuldigen. Darin schreibt er über Savonarola:

>»Gelegentlich nahm er sogar zu Prophezeiungen Zuflucht, die mit Lügen gemischt waren. Zum einen täuschte er das Volk durch manche dieser Vorhersagen, was auch immer sie beinhalteten, umso leichter und zog es in seinen Bann, andererseits wurde er durch diese Missetaten schließlich überführt.« [188]

Ficino beschreibt dann die Situation Ende des Jahres 1494 und betont, er sei eigentlich schon immer dagegen gewesen:

>»Auch ich war jenem Savonarola zunächst verfallen. Als anfangs während häufiger Umwälzungen in der Republik die Franzosen allenthalben Florenz durch mannigfache Schrecknisse in Aufregung versetzten, bin selbst ich ebenso wie das verängstigte Volk – weiß Gott, durch welchen Dämon – eingeschüchtert und für kurze Zeit irregeleitet worden. Aber ich habe mich schnell wieder besonnen und habe die ganzen drei Jahre häufig im geheimen und öfters auch offen nicht ohne Gefahr viele, die ich kenne, dazu aufgefordert, dieses giftmischerische Monstrum weit hinter sich zu lassen, das nur zum Verderben des Volkes geboren sei.« [189]

Wie aufrichtig diese Schrift war, die »im Namen vieler Florentiner« an das Kardinalskollegium gerichtet wurde, lassen wir vorsichtshalber dahingestellt.

Eines aber ist richtig. Während die Begeisterung für Savonarola am Anfang fast allgemein war, gewann die Opposition gegen ihn im Laufe der Zeit immer mehr Zulauf. Die Anhänger des Frate waren zwar zahlreich, aber nicht im eigentlichen Sinne organisiert. Sie nannten sich *frateschi* (Mönchische), von ihren Gegnern wurden sie als *piagnoni* (Winsler) bezeichnet. Savonarolas Widersacher zerfielen in mehrere Fraktionen, was für ihn natürlich von Vorteil war:

1. Die *arrabiati* (Wütenden) waren Befürworter der vor-mediceischen Oligarchie. Diese Herren der ganz alten Schule hielten nichts von der Herrschaft einer Familie und der mit ihr verbundenen Günstlingswirtschaft. Noch weniger konnten sie sich freilich für die populistische Verfassung Savonarolas begeistern.

2. Die *bigi* (Grauen) waren die Anhänger Piero de' Medicis. Sie hielten sich zunächst begreiflicherweise im Hintergrund.

3. Die *tiepidi* (Lauen) waren nicht eine Partei im politischen Sinne. Sie bildeten die große Gruppe derer, die sich nicht für Savonarolas Fanatismus erwärmen konnten. Sie interessierten sich – für die Begriffe des Frate – viel zu sehr für das Diesseitige, Irdische. Zu dieser Gruppe kamen noch die zahlreichen Ordensleute, allen voran die Franziskaner, denen Savonarolas Popularität das Wasser abgrub. Manche Orden hatten zu seiner Zeit echte Nachwuchssorgen, da alles zu den Dominikanern strömte.

4. Schließlich sind die schon früher erwähnten *compagnacci* (Kumpane) zu nennen. Sie rekrutierten sich aus der aristokratisch orientierten Jugend und bildeten eine »Gesellschaft vornehmer Lebemänner« [190]. Ihr Oberhaupt war Doffo Spini, »ein alter Seefahrer und Genußmensch« [191]. Sie revoltierten zunächst vor allem gegen Savonarolas radikale Sinnenfeindschaft. Später spezialisierten sich die *compagnacci* auf Predigtstörungen durch Lärmen, Schwenken von duftenden Eselsfellen (frühe Vorboten der später geschätzten Stinkbomben), »Weihen« der Gläubigen mit einer Zwiebel usw.

Savonarolas Ziel war die Überwindung des »Parteienhaders«, um diesen nationalsozialistischen Terminus zu gebrauchen. Bereits am 23. Dezember 1494 wurde eine Amnestie für die Gegner der gestürzten Medici beschlossen. Am 19. März 1495 folgte eine Amnestie für die Gegner des neuen Regimes, d.h. für die Anhänger Piero de' Medicis. Nur wenige Wochen später wurden erste Klagen laut, daß der Einfluß der *bigi* wieder zunehme. Diese Entwicklung setzte sich in den folgenden beiden Jahren fort, was sich auch in der Besetzung der politischen Gremien niederschlug. Im April 1497 versuchte Piero schließlich, mit Hilfe einer Verschwörung die Macht in Florenz zurückzugewinnen. Die Verschwörung war erfolglos, die fünf Hauptbeteiligten wurden verhaftet und zum Tode verurteilt. Nach langem Hin und Her und zweifacher Bestätigung des Urteils durch die politischen Instanzen wurde die Hinrichtung am 21. August 1497 vollzogen. Savonarola hätte es sicher lieber gesehen, wenn man Gnade hätte walten lassen. Doch konnte er es sich nicht leisten, zugunsten der Verschwörer zu intervenieren, da dies dem Gerücht neue Nahrung gegeben hätte, er sei insgeheim mit den Medici im Bunde. Andererseits steigerten die Hinrichtungen die Erregung bei Savonarolas Gegnern enorm, was die zunehmende Polarisierung in der Stadt entschieden förderte. In der Konsequenz ließ dies die Anhängerschaft des Frate schwinden. Die Aura des allseitigen Friedensstifters war dahin.

Ein ernstes Problem war gleichzeitig, wenigstens aus kirchendogmatischer Sicht, daß Savonarola sich zwar sehr um die Beförderung christlicher Verhältnisse in Florenz bemühte, sich dabei aber päpstlicher als der Papst gebärdete. Nach Ansicht Pastors war die »bedenklichste Seite« an Savonarola, daß er »gleichsam eine Kirche in der Kirche« bildete [192]. In seinem Reformeifer vermochte er auf die Vorschriften und Regularien der Amtskirche keine Rücksicht zu nehmen. Dies mußte ihn in Konflikt mit der Autorität bringen. Doch als der Papst ihn nach Rom zitierte, ließ Savonarola sich entschuldigen. Er wußte genau, daß seine Gottesdiktatur der ständigen Präsenz des Einpeitschers bedurfte.

Zum ersten Mal wurde Savonarola vom Papst schon am 21. Juli 1495 vor den heiligen Stuhl geladen. Das Schreiben war in durchaus freundlichem Ton gehalten [193]. Aber wir wissen, was von solcher Freundlichkeit zu halten ist. Auch Jan Hus war nach der Zusicherung freien Geleits zum Konstanzer Konzil gekommen. Doch kaum angekommen, wurde er verhaftet und später verbrannt. Der Papst lobte in seinem Brief Savonarola und stellte dann fest, es sei ihm zu Ohren gekommen, der Frate behaupte, er predige nicht aus sich heraus oder durch menschliche Weisheit, sondern durch göttliche Eingebung. Darüber wolle er ihn selbst hören. Savonarola antwortete sofort. Er schrieb, er würde gern kommen, zumal er Rom noch nie gesehen habe. Aber leider sei es nicht möglich:

> » Doch, weil Verschiedenes dem entgegensteht, will ich Eurer Heiligkeit vernünftige Gründe vortragen, damit sie wisse, daß ich aus Notwendigkeit und nicht aus freiem Willen fortbleibe . . . Zum ersten verbietet es die Schwäche des Körpers, d. h. Fieber und Ruhr, die mich heimgesucht haben. Sodann geht es nicht wegen beständiger körperlicher und seelischer Leiden für das Heil dieser Stadt, die ich in diesem Jahr auf mich genommen habe. Ich bin im Magen und den anderen wichtigen Gliedern so sehr geschwächt, daß ich irgendeine größere Strapaze nicht ertragen kann. Ja ich enthalte mich sogar der Predigten und selbst der Studien nach dem Rat der Ärzte, nach deren und anderer Leute übereinstimmender Meinung ich Gefahr laufe, in Kürze zu sterben, wenn ich nicht geeignete Arzneien zu meiner Heilung erhalte.« [194]

Tatsächlich hielt Savonarola in den folgenden zwei Monaten keine Predigten. Doch am 11. Oktober nahm er seine Tätigkeit wieder auf und fünf Tage später teilte der Papst seinem »geliebten Sohn« Girolamo mit:

> » In Antwort auf deine Briefe befehlen wir dir in der Tugend des heiligen Gehorsams, daß du in Zukunft ganz und gar von jeglichem Predigen abläßt, sei es öffentlich oder privat.« [195]

Savonarola scheint sich daran gehalten zu haben. Am 25. Oktober hörte er wieder auf zu predigen. Mit einem anderen Schreiben beauftragte Papst Alexander den Generalvikar der lombardischen Kongregation des Dominikanerordens im Kloster nach dem Rechten zu sehen. Das war ein ziemlich unfreundlicher Akt, nachdem San Marco sich erst wenige Jahre zuvor von dieser Kongregation getrennt hatte. Savonarola schlug vor, der Papst solle lieber einen seiner Vertrauten zu Untersuchung schicken und schrieb einen sehr ausführlichen Rechtfertigungsbrief. Gegen Ende heißt es dort:

> » Es steht also, lieber Vater, fest, daß alles, was Eure Heiligkeit unterstellt haben, falsch ist und von perversen Menschen, die nach meiner Seele trachten, stammt. Diejenigen haben es fälschlich erdichtet, die mit ihrer Hinterlist danach streben, mich aus dieser Stadt fortzubringen. Dies nicht, damit ich mich Eurer Heiligkeit zu Füßen werfe, wo, wie sie meinen, ich alles leicht widerlegen würde, sondern damit sie, von ihrem Streben nach Tyrannei erfüllt, mich auf der Reise töten können. Eure Heiligkeit wird über unsere Verteidigung nicht entrüstet sein, sondern sie gnädig aufnehmen

Ego ſum Papa.

Karikatur auf Papst Alexander VI., Holzschnitt (Ende 15. Jahrhundert)

und uns eher klug als ungehorsam nennen. Wir werden uns unterdessen zurückhalten und die gütige Antwort unseres Vaters und Herrn und die Befreiung von den gegenwärtigen Beschwernissen erwarten.«[196]

Doch acht Tage später ordnete Alexander VI. an, daß San Marco sich der römischen bzw. römisch-toskanischen Kongregation anschließe. So hätte er den aufsässigen Mönch unter seiner direkten Kontrolle gehabt.

Dies alles focht Savonarola nicht an. Aber seine Anhänger gerieten durch die Auseinandersetzungen um seine Person zusehens in die Defensive. Anfang Mai 1497 wagten die *compagnacci* einen Schlag gegen ihn. Das Vorhaben sprach sich herum und es wurden Wetten abgeschlossen, ob Savonarola den Mut haben würde, am 4. Mai zu predigen. Der Mönch ließ sich nicht bange machen, aber das Unternehmen ging schlecht für ihn aus:

» Und am 4. Mai 1497, dem Tag der Himmelfahrt, predigte Frate Girolamo im Dom, und bestimmte Männer, seine Feinde, begingen, gewissenlos wie sie waren, eine große Ruchlosigkeit. Um ihn zu verspotten, drangen sie des Nachts in die Kirche ein, und zwar mit Gewalt, indem sie das Tor zertrümmerten, das sich beim Glockenturm befindet, und sie gingen auf die Kanzel und beschmutzten sie schimpflich mit Unrat, so daß man sie erst abhobeln mußte, als er auf die Kanzel steigen wollte. Und als er predigte und zwei Drittel gesagt hatte, entstand Lärm in der Gegend des Chores, indem sie mit einem Knüttel auf ein Kästchen schlugen.« [197]

Es entstand ein immer größerer Tumult und Savonarola konnte seine Predigt nicht zu Ende bringen.

Papst Alexander VI. sah den Zeitpunkt für ein entschiedenes Durchgreifen gekommen und neun Tage später verließ die päpstliche Kanzlei folgendes Breve:

» Wir haben immer wieder von vielen vertrauenswürdigen und gelehrten Männern, geistlichen wie weltlichen, gehört, daß jener Bruder Girolamo Savonarola . . . in der Stadt Florenz eine verderbliche Lehre gepredigt habe, dies zum Ärgernis, Schaden und Verderben der einfältigen Seelen, die durch Christi Blut erlöst worden sind. . . . In der Tugend des heiligen Gehorsams befahlen wir daher dem besagten Bruder Girolamo in einem Breve, zu uns zu kommen und sich wegen verschiedener Irrtümer zu rechtfertigen, die gegen ihn vorgebracht würden. Außerdem befahlen wir ihm, sich des Predigens zu enthalten; diesen Aufforderungen ist er nicht im geringsten gefolgt. Wir aber, milder handelnd, als es die Sache erfordert hätte, ließen seine Entschuldigungen gelten . . ., in der Hoffnung, unsere Milde werde ihn auf den rechten Weg des Gehorsams führen.
Nichtsdestoweniger verharrte er in seiner Verstocktheit . . . und wir befahlen in einem zweiten Breve, daß er bei . . . Strafe der Exkommunikation den Konvent von San Marco mit der neuen römisch-toskanischen Kongregation vereinige, die wir jüngst geschaffen und eingerichtet haben. Das geschah keineswegs; . . .

indem er die kirchliche Aufsicht (*censura*) nicht zur Kenntnis nahm, hat er sie erst wirklich auf sich gezogen. . . .

Wir befehlen euch und tragen euch auf, daß ihr in euren Kirchen an den Feiertagen, wenn das Volk dort in großer Zahl erscheint, erklärt und öffentlich bekannt macht, daß der Bruder Girolamo Savonarola exkommuniziert ist und von jedermann als exkommuniziert anzusehen und zu betrachten ist . . . Weiter sollt ihr bei Strafe der Exkommunikation alle ermahnen, und zwar alle und jeden einzelnen beiderlei Geschlechts, Geistliche und Weltliche, Priester und Ordensleute, daß sie den besagten Bruder Girolamo, der exkommuniziert und der Häresie verdächtig ist, ganz und gar meiden, nicht mit ihm reden oder sprechen, daß sie nicht an seinen Predigten teilnehmen und ihm auch bei anderer Gelegenheit nicht zuhören, daß sie ihm keine Hilfe zuteilwerden lassen und ihm keinen Gefallen tun, direkt oder indirekt, wie und welcher Art auch immer, daß sie nicht Orte aufsuchen oder das Kloster, wo er sich aufzuhalten pflegt. . . .«[198]

Dieses Schreiben war nicht an die Stadt Florenz, sondern an die einzelnen Klöster gerichtet, um unnötiges Aufsehen zu vermeiden. Savonarola richtete am 22. Mai ein Rechtfertigungsschreiben an den Papst, das der Exkommunikation zuvorkommen sollte[199], und auch die Florentiner Gesandten versuchten, Alexander umzustimmen. Zunächst sah es so aus, als ob dieses Unterfangen Erfolg haben könnte, aber dann führten die Verhandlungen doch zu nichts und am 18. Juni wurde das Exkommunikationsbreve in den vier Hauptkirchen von Florenz und vor dem Dom verlesen. Dadurch kehrte jedoch keine Ruhe in der Stadt ein, die Auseinandersetzungen spitzten sich im Gegenteil weiter zu. Die *arrabiati* verfaßten Beschuldigungsbriefe gegen Savonarola und schickten sie, versehen mit Unterschriftenlisten, nach Rom. Die *piagnoni* sammelten ebenfalls Unterschriften, um »offen die einzigartige Frömmigkeit und den ungeheueren Fleiß Savonarolas zu bestätigen«[200]. In dieser Situation wurde für die Monate Juli und August eine *Signoria* ausgelost, die mehrheitlich aus *frateschi* bestand. Sie verfaßte am 8. Juli ein neuerliches Bittschreiben an den Papst, die Exkommunikation doch zurückzunehmen[201]. Vorausgegangen war eine Beratung der höchsten Gremien am 5. Juli.

Stefano Parenti und Giovanni dei Cambi sprachen für die *frateschi* und unterstützten den Vorschlag eines Schreibens an den Papst. Sie plädierten dafür,

» alles gegenüber Seiner Heiligkeit zu unternehmen, um den Bruder Girolamo vor der Exkommunikation zu bewahren und auch um diese sehr fromme Stadt Seiner Heiligkeit ans Herz zu legen, damit sie nicht unter irgendeine Aufsichtsmaßnahme (*censura*) gerate.«[202]

Für die *Ufficiali del Monte* sprach Lorenzo dei Lenzi. Die Stimme der Hochfinanz erinnerte an frühere Ereignisse und legte den Nachdruck darauf, daß die Stadt vor päpstlichen Sanktionen bewahrt werden müsse. Das Schicksal Savonarolas war Lorenzo dei Lenzi gleichgültig, aber er wollte Florenz von wirtschaftlichen Nachteilen verschont wissen.

Es fehlte nicht an Stimmen, die meinten, man solle sich vorläufig jeder Stellungnahme enthalten, »weil wir nicht gut informiert sind über die Exkommunikation«[203]. Insgesamt hielt sich die Begeisterung für Savonarola inzwischen sehr in Grenzen. Den Florentinern wurde immer klarer, was sie sich mit dem Dominikanermönch eingebrockt hatten. Und die Kaufleute, die vor jeder politischen Entscheidung nüchtern das Für und Wider abwogen, hielten ohnehin nichts von religiös-sittlicher Erneuerung und ähnlichem Mumpitz. Sie waren zwar entschlossen, die Freiheit ihrer Stadt gegen päpstliche Machtansprüche zu verteidigen, aber für einen ferraresischen Mönch den Kopf hinzuhalten, lag ihnen ganz und gar fern. Am 9. Juli, einen Tag, nachdem die *Signoria* den Brief zugunsten Savonarolas an den Papst geschrieben hatte, fand eine zweite Beratung statt. Dabei gab es hitzige Diskussionen über die Unterschriftensammlung zugunsten des Frate. Einige sprachen dieser Sammlung die Legitimität ab, andere behaupteten, sie schade der Stadt. Guglielmo degli Altoviti forderte die Bestrafung der Petenten, »als Beispiel für die übrigen, damit sie Furcht vor den Gesetzen bekommen«[204]. Andere betonten, auch sie hätten unterschrieben, aber nur in der besten Absicht. Die Petition an den Papst blieb jedenfalls ohne Erfolg. Savonarola hielt sich deshalb die ganzen nächsten Monate im Hintergrund. Erst gegen Ende des Jahres 1497 gestatte die Stadt ihm wieder einige geistliche Handlungen.

Der Traktat über die Regierung der Stadt Florenz

Seit Juni 1497 hatte sich der Frate äußerste Zurückhaltung
auferlegen müssen. Die *Signoria* für die ersten beiden
Monate des Jahres 1498 war noch einmal, zum letzten Mal
vor seinem Tode, mehrheitlich aus Anhängern Savonarolas
zusammengesetzt. Im Schutz dieser *Signoria* begann er
wieder zu predigen und wagte die zweite »Verbrennung der
Eitelkeiten«. In dieser Zeit auch erhielt Savonarola den
Auftrag zu einer Rechtfertigungsschrift, die im März
publiziert wurde:

»Traktat des Bruders Girolamo aus Ferrara vom Predigerorden
über das Regiment und die Regierung der Stadt Florenz, verfaßt im
Auftrag der erlauchten Signoren zur Zeit, als Giuliano Salviati
Gonfaloniere di Giustizia war «

Dieser Traktat stellt eine Weiterführung der Überlegungen
dar, die Savonarola in den Predigten vom Dezember 1494
vorgetragen hatte.
Bereits in den 1480er Jahren hatte Savonarola die Schrift
De Politia et Regno (Über Staatsverfassung und Herrschaft)
vorgelegt. In dieser Abhandlung hatte er sich noch ganz in
den Bahnen von Thomas von Aquin (1255–1274), der
Hauptautorität der Dominikaner, bewegt und ein Plädoyer
für die Monarchie abgegeben. Damals hatte Savonarola im
wesentlichen die Traditionen der aristotelischen Staatslehre
wiedergegeben, aber er hatte sich »nur wenig mit den politischen Problemen seiner Zeit und seines Landes beschäftigt«[205]. Demgegenüber wiesen die Predigten vom Dezember 1494 bereits eine deutliche Akzentverschiebung auf.
Eine dieser Predigten ist ausführlich zitiert worden (Seite 64
ff). Savonarola versuchte jetzt, seine Ideen mit den Verhält-
nissen in Florenz in Zusammenhang zu bringen. Doch die
Betonung lag auf dem theokratischen Aspekt:

» Ohne die Hilfe Gottes ... kann der Mensch sich nicht selbst regieren und noch viel weniger eine Stadt oder ein Volk.« [206]

Das Oberhaupt müsse daher Jesus Christus sein. Ergänzt wurde dieser Ansatz durch die Idee des universellen Friedens, eines Friedens, dessen Plausibilität angesichts göttlicher Schirmherrschaft auf der Hand lag.

In dem Traktat vom März 1498 ist der Akzent noch einmal verschoben. Savonarola versuchte nun, sich als Apologet der neuen Republik zu profilieren, worin er – zu Recht – seine letzte Chance sah:

» Weil aber eure Signoren mich darum bitten, schreibe ich nicht über die Regierung der Reiche und Städte im allgemeinen, sondern über das, was speziell die neue Regierung der Stadt Florenz betrifft ...« [207]

Dabei wolle er sich möglichst kurz halten, das sei für alle Beteiligten das Beste. Weiter heißt es dann im Vorwort:

» Während der vielen Jahre, die ich durch den Willen Gottes in dieser Stadt gepredigt habe, habe ich immer vier Ziele verfolgt:
1. Unter Zuhilfenahme meines ganzen Talentes zu beweisen, daß der Glaube wahr ist,
2. Zu zeigen, daß die Einfachheit des christlichen Lebens die höchste Weisheit ist,
3. Zukünftige Ereignisse vorauszusagen, von denen einige eingetroffen sind; die anderen werden in kurzem eintreffen,
4. Die neue Regierung eurer Stadt. Da ich die ersten drei schon schriftlich niedergelegt habe . . ., bleibt, daß wir über das vierte Ziel schreiben, damit die ganze Welt sieht, daß wir eine Wissenschaft predigen, die gesund ist und in Übereinstimmung mit der natürlichen Vernunft und der Lehre der Kirche.« [208]

Der Traktat selbst hat drei Teile. Der erste bewegt sich ganz im Rahmen der aristotelisch-thomistischen Tradition. Savonarola unterscheidet die Königsherrschaft, die Oligarchie und den *governo civile*, die bürgerliche Regierung. Normalerweise sei die Königsherrschaft die beste Form, da sie die größte Einheit garantiere. Für Florenz sei der *governo civile* am besten, denn »das Volk von Florenz ist das klügste von allen Völkern Italiens« [209]

Der zweite Teil des Traktats hat die Tyrannei zum Thema. Sie sei, wenn sie schlecht sei, die schlimmste aller Regierungsformen. Am allerschlimmsten aber sei sie für Florenz, »weil es nichts gibt, was der Tyrann mehr haßt, als die christliche Religion und das gute christliche Leben« [210]. Es darf vermutet werden, daß Savonarola hier an die Herrschaft der

Medici dachte. Gegenstand des dritten Teils ist der *governo civile*. Zu Anfang steht die schon früher zitierte Rechtfertigung des *Consiglio Maggiore*. Savonarola hatte in den vergangenen drei Jahren eine Reihe von Erfahrungen mit dem *Consiglio* gemacht. Deswegen machte er nun eine Reihe von Vorschlägen: Strenge Bestimmungen zur Erhaltung der Arbeitsfähigkeit; Maßnahmen zur Verhinderung der Tyrannei; Vorkehrungen, damit die Mitarbeit nicht zu beschwerlich wird. Im zweiten Abschnitt des dritten Teils kommt Savonarola darauf zu sprechen, wie der *governo civile* noch zu verbessern sei. Er beginnt mit den Worten:

> »Jeder Bürger von Florenz, der ein gutes Mitglied seiner Stadt sein und ihr helfen will, was jeder wollen muß, bedarf zu allererst des Glaubens, daß dieser *Consiglio* und der *governo civile* von Gott gegeben worden ist. So ist es in Wahrheit, nicht nur weil jede gute Regierung von ihm kommt, sondern auch durch eine besondere Vorsehung, die Gott gegenwärtig für die Stadt Florenz hat.« [211]

Zur weiteren Verbesserung des *governo civile* bedarf es vier Dinge: Gottesfurcht, Liebe zur Stadt, gegenseitige Liebe der Bürger, Gerechtigkeit. Das Ergebnis werde »uno governo di Paradiso« sein [212]. Im dritten Abschnitt des letzten Teils beschreibt Savonarola die Auswirkungen einer solch paradiesischen Regierung: Befreiung von der Sklaverei der Tyrannen, ewige Glückseligkeit, aber auch Vermehrung des irdischen Ruhms, so daß die Stadt wie ein Paradies auf Erden sein wird.

Im Verlaufe seiner Abhandlung entfernte sich Savonarola so immer mehr von grundsätzlichen Überlegungen und wandte sich, wie in seinen Predigten, direkt an die Stadt. Das Ziel seines Denkens ist dabei nicht der einzelne Bürger, sondern der universelle Friede. Die Bürger werden pazifiziert, der Akteur aber ist Gott. Er tritt als Handelnder auf, während den Menschen lediglich die Erlangung bestimmter Gemütszustände und Geistesverfassungen ans Herz gelegt wird. Die neue Republik sollte die religiöse Reform befördern, politische und religiöse Maßnahmen mußten deshalb Hand in Hand gehen. Gäbe es nicht schlechte Priester und Mönche, »Florenz würde zurückkehren zum Leben der ersten Christen und wäre wie ein Spiegel der Religion für die Welt« [213]. Religiöse Motive legitimierten politisches Handeln, politische Macht schuf Abhilfe bei Mißständen im religiösen Bereich. Savonarola strebte danach, »die Unterschiede zwischen weltlicher und geistlicher Macht zu eliminieren«[214]. Konflikte mit der Amtskirche waren daher unausbleiblich. Während die katholische Kirche das Christentum, so gut es eben ging, verwaltete, suchte Savonarola, die Grenzen weltlich bestimmten politischen Handelns zu transzendieren.

Er war ganz auf das Leben im Jenseits fixiert; er wollte die Diktatur Gottes, seines Gottes, daher in die irdische Herrschaft eingebettet wissen:

> »Die in der christlichen Theologie unterschiedenen Bereiche der *temporalia* und der *spiritualia* verschmelzen zu dem einen Bereich der Vollkommenheit. ... Dieser Entwurf gesellschaftlicher Ordnung steht im Gegensatz zur orthodoxen Auffassung, die in der römischen Kirche den alleinigen Repräsentanten der spirituellen Wahrheit sieht. Nach dieser Auffassung kann die römische Kirche diese Rolle auf keinen Fall mit einer politischen Gesellschaft teilen. Savonarolas Idee einer christlichen Stadtrepublik erinnert aber an die Möglichkeit einer Gesellschaft in der Nachfolge Christi, die in Konkurrenz mit der monarchischen, ökumenischen Kirchenorganisation des lateinischen Christentums tritt ...«[215]

Der *Trattato* zeigt uns, daß der Mönch es ausgezeichnet verstand, diese Idee mit den traditionellen Topoi florentinischer Politik zu verbinden. Wegen dieser Schrift stellen manche Savonarola in eine Reihe mit Machiavelli und Guicciardini als Begründer des modernen Staatsdenkens. Das ist sicherlich übertrieben. Aber als letzter Versuch, zusammen mit der gewaltigen Verbrennung des Eitlen und Irdischen wenige Tage zuvor, die Florentiner von der Richtigkeit seines Wollens zu überzeugen, ist sie bedeutsam. Dabei zielte Savonarola auf seinen natürlichen Bündnispartner, das Bürgertum. Der Kreis der politisch Berechtigten, aus denen sich der *Consiglio Maggiore* zusammensetzte, machte deutlich weniger als fünf Prozent der Stadtbevölkerung aus.

Das Ende

In der Zwischenzeit arbeitete Papst Alexander VI. immer energischer auf den Sturz Savonarolas hin, da er in ihm das Haupthindernis für einen Anschluß der Stadt Florenz an die Heilige Liga sah. Der Heiligen Liga gehörten außer dem Papst die Republik Venedig, Ferdinand von Spanien und Heinrich VIII. an, und ein von den Medici beherrschtes Florenz hätte sich bestimmt angeschlossen. So wurde der franzosenfreundliche Savonarola für den Papst und die Medici ganz natürlich zum gemeinsamen Gegner. Anfang 1498 begann Savonarola wieder zu predigen, wenn auch in einer kleinen Kirche, um Aufsehen zu vermeiden. Nun riß Alexander VI. endgültig der Geduldsfaden und er schickte der Stadt ein Breve, das an Deutlichkeit nichts zu wünschen übrig ließ. Nachdem die früheren Schreiben zitiert worden waren, hieß es zum Schluß:

» Indem wir noch das übliche Maß an Sorgfalt übertreffen, bitten wir euch inständig und ermahnen euch in Gott, daß ihr euch auf jeden Fall strikt an das Prinzip des heiligen Gehorsams haltet und daß ihr aufgrund eurer Frömmigkeit und der Ehrfurcht vor dem heiligen Stuhl uns jenen Girolamo unter sicherer und guter Bewachung überbringt. Wenn er aber aufgrund eurer Einsicht zu uns kommt und uns überlassen wird, dann wollen wir nicht den Tod des Sünders, damit er bekehrt werden kann und lebe. Durch uns soll er entsprechend den Sitten des heiligen Stuhles wohlwollend aufgenommen und behandelt werden. Oder ihr müßt ihn wie ein schlechtes Mitglied des Staates gut bewacht einsperren an irgendeinem besonderen Ort, wo er nicht mit anderen sprechen und keine weitere Zwietracht säen kann. Wenn ihr womöglich, was wir nicht hoffen, diese Aufforderung mit Gleichgültigkeit behandelt, so weisen wir euch darauf hin, daß wir euch mit dem kirchlichen Bann belegen werden und daß wir zu noch schwerwiegenderen Maßnahmen greifen werden, die wir wohl zu handhaben wissen. Dies werden wir tun, um unsere Würde und die Autorität des heiligen Stuhles zu wahren gegen jene eure Republik, die gegen unseren Auftrag es vorzieht, einen solch verderblichen Menschen aufzunehmen, der exkommuniziert worden ist, was öffentlich bekannt gemacht wurde, und der außerdem der Häresie verdächtig ist.«[216]

Nach geübter Tradition folgte der innigen Bitte die unver-
hüllte Drohung auf dem Fuße. Daß die Konsequenzen einer
Nichtbefolgung dieses Befehls so ausführlich geschildert
werden, deutet darauf hin, daß dieser Fall dem Papst nicht
unwahrscheinlich schien.

Am 3. März 1498 berieten die höchsten Gremien über das
Breve. Der neue *Gonfaloniere di Giustizia* kam aus den Reihen der *arrabiati*. Er und viele andere hätten nichts lieber
getan, als den Mönch auf dem schnellsten Wege nach Rom
zu befördern. Aber das verbot die politische Räson. Von
den in die Defensive geratenen Anhängern Savonarolas ab-
gesehen (sie machten immer noch eine beträchtliche Zahl
aus), argumentierten die meisten, daß eine Verhaftung des
Frate zuviel Unruhe in der Stadt hervorrufen würde.
Schließlich einigte man sich darauf,

> » um der Ehre Gottes und der Stadt willen, einem Breve nicht zu ge-
> horchen, das der Papst in dieser Form nicht einmal an die Peruginer
> gerichtet hätte, diktiert von falschen Informationen und beraten
> von den Feinden des Frate in der Stadt oder den Feinden Italiens,
> die Florenz hassen.« [217]

Am 7. März überbrachten die beiden florentinischen Gesandten am römischen Hof, die selbst überhaupt keine
Freunde Savonarolas waren, dem Papst die abschlägige
Antwort der Stadt. Die Begeisterung des Papstes war vor-
stellbar gering angesichts dieser Widerspenstigkeit. Er
betonte, er kenne Savonarolas Predigten durchaus und habe
seine Schriften gelesen; der Stadt drohte er bei weiterer
Widersetzlichkeit ernstlich mit dem Interdikt. Wenige Tage
später, am 13. März, wandte sich Savonarola zum letzten
Mal selbst in einem Schreiben an den Papst:

> » Eure Heiligkeit hat soviele Beweise meiner Unschuld, so viele von
> mir vorgetragene Gründe, nicht um Sünden zu entschuldigen, son-
> dern zum Nachweis der Reinheit meiner Lehre, wie ich sie vortrage,
> ... zurückgewiesen und überdies, wie es scheint, ihr Ohr meinen
> Feinden geliehen, so wie ich, vergeblich auf das Kommende hof-
> fend, das als Hilfe eurer Heiligkeit betrachtete, was ich von ihr als
> einem so christlichen und hohen Gottesmann ersehnte.« [218]

Savonarola konnte über die Absichten des Papstes keinen
Zweifel haben. Gegen Schluß seines relativ kurzen Briefes,
der keine theologische Rechtfertigung mehr versucht,
schreibt er: »Ich erwarte mit höchstem Verlangen den

Tod.«[219] Am darauffolgenden Tag gab es eine erneute Beratung, »um zu wissen, was man mit diesem Frate anfangen solle«[220]. Eine Reihe von führenden Männern argumentierten nach wie vor für die Sache des Mönches.

Aber dann ergriff Guidantonio Vespucci das Wort. Er war von Beruf Rechtsanwalt und sprach für die *arrabiati*:

» Dies ist eine sehr ernste Angelegenheit. Wir sollten das Pro und Contra abwägen, die Vor- und Nachteile, die der Stadt erwachsen können. Es muß sicherlich bedauert werden, daß wir während der Fastenzeit der geistlichen Tröstung beraubt sein würden, aber, unter Berücksichtigung aller Umstände, ist es klüger, dem Papst nachzugeben. Wir wollen den Zehnten auf kirchlichen Besitz, wir wollen Pisa und wir wollen die Absolution des Frate. Dies alles vom Papst zu erbitten und ihn gleichzeitig zu beleidigen, erscheint mir widersinnig. Bruder Girolamo mag im Recht sein oder auch nicht, wir werden nichts vom Papst erlangen, ohne ihm Genugtuung zuteil werden zu lassen. Und wenn das Interdikt ausgesprochen wird, wird unser Handel ruiniert sein. Und umgekehrt, wenn man den Schaden bedenkt, der aus der Suspendierung des Frate erwachsen kann, so muß berücksichtigt werden, daß wir keine Sünde begehen, da der Befehl von unserem rechtmäßigen Vorgesetzten kommt. Derjenige, der die *censura* fürchtet und achtet, auch wenn sie ungerecht ist, den anerkennt Gott. Einige mögen das für eine Nebensächlichkeit halten, ich aber glaube, daß es sehr wichtig ist, denn das Recht der *censura* ist heute die einzige Waffe der Kirche und sie wird mit allen Mitteln versuchen, sie zur Geltung zu bringen. Denn andernfalls würde sie all ihren Einfluß auf die Menschheit verlieren. Es ist sehr wichtig, daß wir die Ehre Gottes achten, aber das sind zweideutige Worte, denn es ist sicher, daß die Macht des Papstes von Gott kommt, während es zweifelhaft ist, ob Bruder Girolamo wirklich ein Bote Gottes ist. Deshalb werden wir über diese Frage, ob es ratsam ist, dem Papst den Gehorsam aufzukündigen, in der Weise befinden, die euch am besten erscheint.«[221]

Diese Rede, die an den Geldbeutel appellierte, verfehlte ihre Wirkung nicht.

Zwei Tage später richtete Domenico Bonsi, florentinischer Gesandter in Rom, ein dringendes Schreiben an die *Signoria*, Savonarola endlich das Predigen zu verbieten. Andernfalls bitte er um seine Abberufung, da er um sein Leben fürchten müsse. Am nächsten Tag, am 17. März, schrieb Bonsi ein zweites Mal nach Florenz, im gleichen Sinne, und wies darauf hin, daß der Papst in ständigem Kontakt mit Piero de' Medici stehe und die Inhaftierung aller florentinischen Kaufleute vorbereite. Es war der Punkt ge kommen, wo die *Signoria* eine Entscheidung treffen mußte. Sie forderte Savonarola auf, das Predigen für einige Zeit zu unterlassen. Der Mönch antwortete, er erhalte seine Anweisungen von Gott, fügte sich aber nach kurzer Zeit grollend. In diesen Tagen erschien seine im letzten Kapitel besprochene Schrift, die er im Februar verfaßt hatte. Die Ereignisse trieben nun rasch einer Entscheidung zu. Savonarola sandte Briefe an die Herrscher Europas. Darin hieß es:

> »Ich bezeuge hiermit im Namen Gottes, daß dieser Alexander kein Papst ist und es auch nicht sein kann. Denn, abgesehen von der Todsünde der Simonie, durch die er den päpstlichen Stuhl erworben hat und in der er täglich die Segnungen der Kirche an die Meistbietenden verkauft, und ebenso abgesehen von seinen anderen offensichtlichen Übeln, erkläre ich, daß er kein Christ ist und nicht an Gott glaubt, was der Gipfel des Unglaubens ist.« [222]

Was es mit Alexander VI. auf sich hatte, war zwar allgemein bekannt, beunruhigte aber kaum jemanden ernstlich. Savonarolas Sturz indessen war nicht mehr aufzuhalten. Die Franziskaner fühlten sich jetzt stark genug, ihn direkt herauszufordern. Am 25. März wurden die Dominikaner von ihnen erstmals zu einer Feuerprobe aufgefordert, was in den folgenden Tagen noch mehrfach bekräftigt wurde. Beide Orden taten sich zusammen, einigten sich auf einen Text, der bezeugt werden sollte, und trugen ihn am 29. März zum Palazzo Vecchio:

> »Die Kirche Gottes bedarf der Erneuerung; sie wird gezüchtigt werden; sie wird erneuert werden. Auch Florenz wird nach der Züchtigung erneuert werden und gedeihen. Die Ungläubigen werden zu Christen bekehrt werden. Dies alles wird in unseren Tagen geschehen. Die kürzlich über unseren ... Bruder Girolamo verhängte Exkommunikation ist nichtig. Wer sie nicht beachtet, sündigt nicht.« [223]

Für die Franziskaner sollte Domenico da Pescia durchs Feuer gehen, für die Dominikaner Mariano Ughi. Würden beide verbrennen, wäre Savonarola widerlegt, würde nur Domenico verbrennen, wäre er ein wahrer Prophet. So einfach ist das. Tags darauf gab es eine große Beratung über diese Angelegenheit. Die meisten waren für die Feuerprobe, in der Hoffnung, den Fall Savonarola dadurch zum

Abschluß zu bringen, aber sie plädierten gleichzeitig dafür, doch nicht soviel Aufhebens von der Sache zu machen. Typisch war der Zynismus des *arrabiato* Filippo Giugni:

»Wir sind heute wegen dieser Angelegenheit zusammengekommen, aber das Feuer scheint mir eine merkwürdige Sache zu sein und ich selbst würde nur mit äußerstem Widerwillen durchgehen. Man könnte, mit geringerer Gefahr, versuchen, durchs Wasser zu gehen. Und wenn er nicht naß wird, werde ich bestimmt einer von denen sein, die um seine Absolution bitten.« [224]

Mit ähnlichem sittlichen Ernst betrachteten wohl viele die ganze Affäre. Vielfach wurde auch betont, daß es hier um theologische Fragen gehe, in die man sich nicht einmischen solle.

Die Feuerprobe konnte also stattfinden. Schon bald begannen die Vorbereitungen:

»Am 7. April wurde auf der Piazza della Signoria ein Gerüst aufgebaut, 50 Ellen lang, zehn Ellen breit und vier Ellen hoch. Es wurde auf Blöcke aus Holz gestellt, auf welchen auf jeder Seite ein Mäuerchen aus roten Ziegeln gemacht wurde, eine halbe Elle hoch, und dazwischen legten sie Sand und Schutt und bedeckten tatsächlich alles, damit das Feuer nicht die Balken und das Holz finden könne; und auf besagtes Gerüst legte man eine Brüstung großer Holzstücke nach Art von Scheiterhaufen, zweieinhalb Ellen hoch, das ganze Gerüst entlang. An jedem Kopfende ließen sie vier Ellen ohne Holz, so daß die Scheiterhaufen 40 Ellen lang waren: In der Mitte ließen sie zwei Ellen Raum, durch den man zu passieren hatte. Außerhalb und innerhalb der Holzstücke erhoben sich viele Besen und Reisigbündel, so daß ein Raum von einer Elle für den Gang übrig blieb. Ferner wurde Öl darauf gegossen, Branntwein und allerlei Harze, damit es besser brenne.« [225]

An den äußeren Voraussetzungen fehlte es also nicht, und die *Signoria* ließ sich das Spektakel einiges kosten. Tatsächlich rückten beide Parteien schon bald mit großem Gepränge auf den Platz. Doch nun entspann sich eine vielstündige Diskussion »mit beständigem in den Palast Hinauf- und Zurückgehen« [226]. Die Franziskaner hatten immer noch Angst, Savonarola besäße vielleicht doch übernatürliche Kräfte. Deshalb forderten sie, sein Mann solle die geistlichen Gewänder ablegen und in der Unterhose durchs Feuer gehen. Damit erklärten sich die Dominikaner einverstanden, sie wollten ihrem Champion dafür aber eine Hostie mitgeben, was auf der Gegenseite große Empörung auslöste. So ging es ewig hin und her. Was wirklich geschah, ist wohl nicht mehr restlos aufzuklären, obwohl der unermüdliche Joseph Schnitzer ein ganzes Buch über die Feuerprobe geschrieben hat [227]. Fest steht jedenfalls, daß die streitenden Parteien am Abend auseinandergingen, ohne daß auch nur der Holzstoß entzündet worden war. Und unbestritten ist, daß dies dem Ansehen Savonarolas mehr geschadet hat als alles, was zuvor geschehen war.

Am folgenden Tag hielt er nach dreiwöchiger Enthaltsamkeit erstmals wieder eine Predigt in San Marco, die ruhig verlief. Aber das war nur die Ruhe vor dem Sturm. Am Nachmittag kam es im Dom zur Zeit der Vesper zu einem Tumult. Die dem Frate feindlich gesonnene Menge stürmte davon, mit dem Ruf:

»Zu den Mönchen, zu den Mönchen, nach San Marco! Und das ganze Volk und die Kinder liefen mit Steinen, während viele Männer und Frauen, die sich in San Marco befanden, wegen der Steinwürfe nicht herauskonnten. Auch ich befand mich dort und wäre ich nicht durch den Klosterhof hinaus und gegen die Porta di San Gallo weggegangen, so wäre ich vielleicht tot auf dem Platz geblieben. Und in der Tat, jedermann bewaffnete sich; vom Palast kamen Erlässe, wer den Bruder Girolamo ergriffe und gefangen herbeiführte, solle 1000 Dukaten bekommen.« [228]

Bis zum Morgen war die Gegenwehr der Mönche erfolgreich, dann ging das Klostertor in Flammen auf und Savonarola und zwei seiner Vertrauten wurden verhaftet. In seinem Palast wurde auch Francesco Valori verhaftet. Valori war »einer der vornehmsten Feinde der Medici« gewesen [229]. Er war der Sprecher der Patriziergruppe, die auf Seiten Savonarolas stand und war im Januar 1497 *Gonfaloniere di Giustizia* geworden. Die *Signoria* für Januar und Februar 1497 hatte ausschließlich aus *frateschi* bestanden. In dieser Zeit hatte die erste »Verbrennung der Eitelkeiten« stattgefunden. Diese *Signoria* hatte auch die Gesetzgebung gegen die Sodomie verschärft. Valori, einer der Strategen des Sturzes der Medici 1494, hatte sein politisches Schicksal von Anfang an mit dem Savonarolas verbunden. Das mußte er jetzt büßen. Seine Frau wurde erschlagen.

Am 9. April wurden 19 weitere Anhänger Savonarolas verhaftet und noch am gleichen Tage fand eine Beratung statt, wie der Frate am besten zu verhören sei [230]. Wie immer ging

Botticelli, Triumph des Glaubens (1496), man beachte im Hintergrund die
Dreiheit der heiligen Städte Jerusalem und Rom mit Florenz

es um recht praktische Fragen: Ob Savonarola in Florenz oder besser in Rom verhört werden solle,[230] daß nur die geeignet erscheinenden Teile des Geständnisses publiziert werden sollten usw. Außerdem war da noch ein anderes Problem. Für die Verfolgung von Staatsverbrechen waren die *Otto di Guardia* zuständig, die aber zur Zeit mehrheitlich *frateschi* waren. Hier vor allem mußte Abhilfe geschaffen werden; sie wurden deshalb – ebenso wie die *Dieci di Libertà* (Zehn der Freiheit) – vor Ablauf ihrer regulären Amtszeit neu gewählt. Inzwischen hatte schon Savonarolas Verhör begonnen. Er wurde mit dem Seilzug gefoltert. Bei dieser Folter wurden dem Delinquenten die Arme auf dem Rücken zusammengebunden, anschließend wurde er an den Händen hochgezogen, bis er in der Luft schwebte. Dann ließ man ihn mit einem Ruck fallen. Diese Art der Folter führte bei ihrer ersten Anwendung meist zum Auskugeln der Schultergelenke und war bei der Wiederholung, wie damals üblich, deshalb sehr schmerzhaft[231].

Savonarola hielt dieser Behandlung nicht sehr lange stand. Er erklärte seine Bereitschaft, ein Geständnis niederzuschreiben, wie das Gesetz es vorsah. Was Savonarola schrieb, erschien den Herren, die die Untersuchung führten, aber als ungenügend; es wurde deshalb vernichtet. Stattdessen wurde, was eindeutig gegen das Gesetz war, dem Gefangenen ein Jurist beigesellt, der ein Protokoll führen sollte. Diesem geschulten Kenner des Rechts gelang es, ein Geständnis zu verfassen, das den Beifall des Gerichts fand, das ausschließlich aus Gegnern des Frate bestand. Man versammelte nun Amtsträger, auswärtige Gesandte, andere wichtige Leute und einige Mönche von San Marco im Palazzo Vecchio, um dieses Papier triumphierend vorzuweisen:

»Und am 19. April 1498 las man im Rat, im großen Saal, das mit seiner Hand geschriebene Protokoll des Bruder Girolamo, den wir für einen Propheten hielten, der nun aber bekannte, er sein kein Prophet und er habe nicht von Gott die Sachen, die er predigte. Und er gestand, daß viele Dinge im Lauf seiner Predigten vorgekommen seien, die das Gegenteil von dem waren, was er uns zu verstehen gegeben hatte. Und ich befand mich da, um dieses Protokoll verlesen zu hören; ich war erstaunt und blieb verblüfft stehen in Verwunderung. Und Schmerz fühlte meine Seele, ein derartiges Gebäude zu Boden fallen zu sehen, weil es sich auf dem traurigen Grund einer einzigen Lüge erhoben hatte.«[232]

Die Wirkung dieser Verlesung war eine ungeheuere, wie schon an den Worten Landuccis zu merken ist. Selbst die Mönche von San Marco sagten sich in einem Schreiben an den Papst von ihrem Mitbruder los. Das verlesene »Geständnis« hatte dem Glauben an den Frate weiteren Abbruch getan, für eine Verurteilung wegen irgendeines Verbrechens war es aber noch keineswegs ausreichend. Der *Signoria* blieb deshalb nichts anderes übrig, als ein zweites Gerichtsverfahren zu veranstalten, für das auch durch den Umschwung in der öffentlichen Meinung der Boden bereitet war. Das zweite Verfahren begann am 23. April, Savonarola wurde erneut der Folter unterworfen, ebenso die anderen Unglücklichen:

»Und am 27. April gab man allen wegen dieses Falles eingesperrten Bürgern die Strickfolter, so daß man es von 15 Uhr bis abends immerfort beim Bargello schreien hörte.«[233]

Doch auch das zweite Verfahren versprach kein besseres Ergebnis als das erste Verhör; es wurde deshalb eingestellt. Unterdessen begann ein Tauziehen zwischen der *Signoria* und dem Papst, wer die Mönche verbrennen dürfe. Am 5. Mai wurde darüber in der Stadt beraten. Girolamo di Filippo Rucellai schlug vor, »dem Papst einen Brief zu schreiben, daß sie sterben sollten, wo sie gesündigt hätten«[234], und so geschah es. Der Papst, der sich inzwischen hinreichend von der Ernsthaftigkeit der Tötungsabsicht der *Signoria* überzeugt hatte, willigte ein. Er schickte zwei Bevollmächtigte, den General des Dominikanerordens Gioacchino Turriano und den spanischen Bischof Francesco Romolino, nach Florenz; diese beiden sollten das Urteil sprechen. Am 19. Mai begannen die päpstlichen Kommissare, Savonarola zu verhören. Sie interessierten sich vor allem für dessen Beziehungen zur römischen Kurie, wo er noch immer zahlreiche Freunde hatte. Auf die Frage, ob es wahr sei, was er gestanden hatte, antwortete Savonarola »nein, und daß er der Bote Gottes sei und von Gott gesandt«[235]. Daraufhin wurde er erneut der Folter unterworfen, worauf er alles gestand, was man von ihm hören wollte. Zu den Unterlagen, die die beiden Kommissare bei sich führten, gehörte auch ein päpstliches Breve mit Datum vom

12. Mai. Darin war bereits festgelegt, daß der Frate wegen »falscher und verderblicher Lehren« zu verurteilen sei [236].
Am 22. Mai fällten die Abgesandten des Papstes ihr Urteil. Am folgenden Tage wurde es vollstreckt:

»Man führte die drei Mönche aus dem Palast heraus und ließ sie auf die Holztribüne bringen. Hier befanden sich die Acht, die Kollegien, der Bevollmächtigte des Papstes, der General der Dominikaner und viele Domherren, Priester und Ordensbrüder und der Bischof de' Pagagliotti, dem es aufgetragen war, die drei Mönche zu degradieren ... Sie wurden mit allen Paramenten bekleidet und dann wurde ihnen eines nach dem anderen abgenommen ..., wobei Bruder Girolamo immerfort als Ketzer und Schismatiker bezeichnet wurde und als deshalb zum Feuer verurteilt; wobei man ihm Kopf und Hände rasierte, wie es bei Degradierten Brauch ist. Und als dieses geschehen, überließen sie die drei Mönche den Händen der Acht, die augenblicklich die Abstimmung machten, daß sie gehängt und verbrannt werden sollten. Gleich darauf wurden sie auf dem Gerüst zum Pflock des Kreuzes geführt. Der erste war Bruder Silvestro, er wurde auf dem Pflock an eine der Ecken des Kreuzes geknüpft. Weil er nicht gut festgebunden war, quälte er sich eine Weile, viele Male »Jesus« sagend, während er hing, weil der Strick weder stark zusammenschnürte noch gut lief. Der zweite war Bruder Domenico aus Pescia ... und der dritte der Frate ..., welcher nicht laut sprach, sondern nur leise und so wurde er gehängt. ...
Und als alle drei gehängt waren, gegen den Palast gewendet und in ihrer Mitte Bruder Girolamo, da erhoben sich die Würdenträger vom Podium auf dem Holzgerüst. Auf dem Rund war ein Reisighaufen geschichtet, auf dem sich Bombardenpulver befand, das jetzt entzündet wurde. So entzündete sich der Reisighaufen mit dem Krachen von Raketen und Büchsenschüssen, und in wenigen Stunden waren sie verbrannt, so daß ihnen Beine und Arme nach und nach abfielen: Teile des Rumpfes blieben an den Ketten hängen; deshalb wurden viele Steine nach ihnen geworfen, damit sie herabfielen, so daß man Angst hatte, es würden Stücke vom Volk genommen werden. Deshalb ließen der Henker und, wer sonst damit zu tun hatte, den Pfahl umfallen und auf dem Boden verbrennen. Sie brachten genug Holz und, indem sie das Feuer über den Körpern schürten, erreichten sie, daß alles und jede Reliquie verzehrt wurde. Hierauf ließen sie Karren kommen und auch den kleinsten Aschenrest zum Arno führen, damit nichts von den dreien gefunden würde ...« [237]

400 Jahre später wurde an derselben Stelle eine Gedenkplatte in den Boden eingelassen, mit folgender Inschrift:

»Hier, wo mit seinen beiden Mitbrüdern Domenico Buonvicini und Salvestro Maruffi am 23. Mai 1498 durch einen ungerechten

Hinrichtung Savonarolas auf der Piazza della Signoria, zeitgenössisches Gemälde

Urteilsspruch Girolamo Savonarola erhängt und verbrannt worden ist, wurde dieses Andenken angebracht.«[238]

Mit der Verbrennung waren die Florentiner das Problem erst einmal los. Zu unvorsichtigen Urteilen ließen sie sich auch jetzt nicht hinreißen. Francesco Guicciardini gibt in seiner Chronik Folgendes als abschließendes Urteil über Savonarola:

»Ich bin im Zweifel und habe keine abgeschlossene Meinung darüber in irgendeiner Richtung, ich halte mich deshalb zurück; wenn er noch lebte, würde im Lauf der Zeit alles klar werden. Dies aber kann man auf jeden Fall sagen: Wenn er gut war, haben wir in unserer Zeit einen großen Propheten gesehen; wenn er schlecht war, haben wir einen ganz großen Mann erlebt, weil ..., wenn einer so viele Jahre in der Öffentlichkeit eine solche Sache vorspiegeln kann, ohne jemals überführt zu werden, dann muß man zugeben, daß er Urteil, Talent und eine außerordentliche Erfindungsgabe hatte.«[239]

Dies schrieb Guicciardini 1509. Doch seine Vorsicht half ihm nichts. Als die Medici Florenz drei Jahre später zurückeroberten, wurde er aus den Diensten der Stadt entlassen, genauso wie viele andere; unter ihnen war auch Machiavelli. Niccolò Machiavelli (1469-1527) kam aus einer Beamtenfamilie und war wie so viele Florentiner Jurist. Am 19. Juni 1498, vier Wochen nach Savonarolas Tod, trat er in städtische Dienste und wirkte bis zum Ende der Republik in verschiedenen Positionen. 1506 reorganisierte er die florentinische Miliz und wurde Leiter einer in diesem Zusammenhang neu geschaffenen Behörde. Als die Medici »ihre« Stadt wieder in der Gewalt hatten, wurde Machiavelli entlassen. Hinfort mußte er sich mit schriftstellerischen Arbeiten durchbringen. Im Februar 1513 wurde er zu Unrecht der Beteiligung an einer antimediceischen Verschwörung verdächtigt und verhaftet.

Im gleichen Jahr schrieb er »Il principe«, der jedoch erst 1532 gedruckt wurde. Es gelang Machiavelli trotz mannigfaltiger Versuche nie, die Gunst der Medici zu gewinnen. Im Gegensatz zu dem »abstrakten und nebelhaften« Savonarola war Machiavelli »realistisch«[240], aber die Zeitumstände waren gegen ihn. So wurde sein »Il principe« als Plädoyer für eine von ethischen Normen losgelöste Machtpolitik in-

Niccolò Machiavelli, Portrait nach einer Büste von Santi di Tito (16. Jahrhundert)

terpretiert. Friedrich der Große sah sich veranlaßt, eine anonyme »Réfutation du prince de Machiavel« (1739) zu schreiben. Am Anfang seiner politischen Laufbahn hatte sich Machiavelli mit Savonarola auseinandergesetzt, für dessen religiösen Fanatismus er keine Sympathie empfinden konnte. »Savonarola erwartete alles von Gott, Machiavelli alles vom Menschen.«[241] Machiavelli hat auf Savonarola ein Spottgedicht verfaßt.

>*I'dico di quel gran Savonarola,*
El qual, afflato da virtu divina,
Vi tenne involti con la sua parola;
Ma perché molti tèmen la ruina
Veder de la lor patria a poco a poco
sotto la sua profetica dottrina,
Non si trovava a riunirvi loco,
Se non cresceva o se non era spento
El suo lume divin con maggior foco.

Ich spreche von diesem großen Savonarola,
der, erfüllt von göttlicher Tugend,
euch eingewickelt hat mit seinen Worten.
Aber weil viele fürchteten zu sehen, wie aus
ihrer Heimat nach und nach eine Ruine würde
unter seiner prophetischen Lehre,
fand sich nicht der Ort, euch zu vereinigen,
es sei denn er wäre gewachsen oder er hätte sein
göttliches Licht mit größerem Feuer ausgestrahlt.«[242]

1527 wurden die Medici zum zweiten Mal aus Florenz vertrieben. Doch die mit ihnen verbündeten politischen Mächte rüsteten bald ein Heer aus, das Florenz 1530 ein halbes Jahr lang belagerte. Dies war einer der wenigen Fälle, wo die Florentiner wirklich kämpften und sich nicht auf die Macht ihres Geldes und ihrer Söldner verließen, denn sie wußten, es ging bei diesem Krieg wirklich um etwas. Bei dieser Auseinandersetzung würde sich das Schicksal der letzten florentinischen Republik entscheiden. Das Ergebnis war die Zementierung der mediceischen Despotie auf Jahrhunderte. 1520 hatte Michelangelo die Neue Sakristei für die Medici erbaut, in deren Skulpturengarten bei San Marco er als Knabe die erste Bekanntschaft mit der Antike gemacht hatte. Nun stand er auf Seiten der kämpfenden Republik und beaufsichtigte 1529 einen Teil der Befestigungsarbei-

Belagerung von Florenz 1530, Ausschnitt aus einem Gemälde von Vasari

ten. Die Medici wollten ihn verhaften lassen, aber er wurde während der ganzen Belagerung vom Prior von San Lorenzo verborgen gehalten in einem Raum hinter der Sacrestia nuova und hinterließ an den Wänden seines Verstecks eine Fülle von Zeichnungen, die von einer staunenden Nachwelt 1977 entdeckt wurden. Nach der Niederlage der Republik verließ Michelangelo die Stadt und ging nach Ferrara, wo er in Ehren aufgenommen wurde.

Titelholzschnitt einer
Predigtsammlung (1539)

CLEMENS . VII . PAPA . FLORENTINVS .

Giulio de' Medici, ab 1523 Papst Klemens VII., Portrait von Bronzino

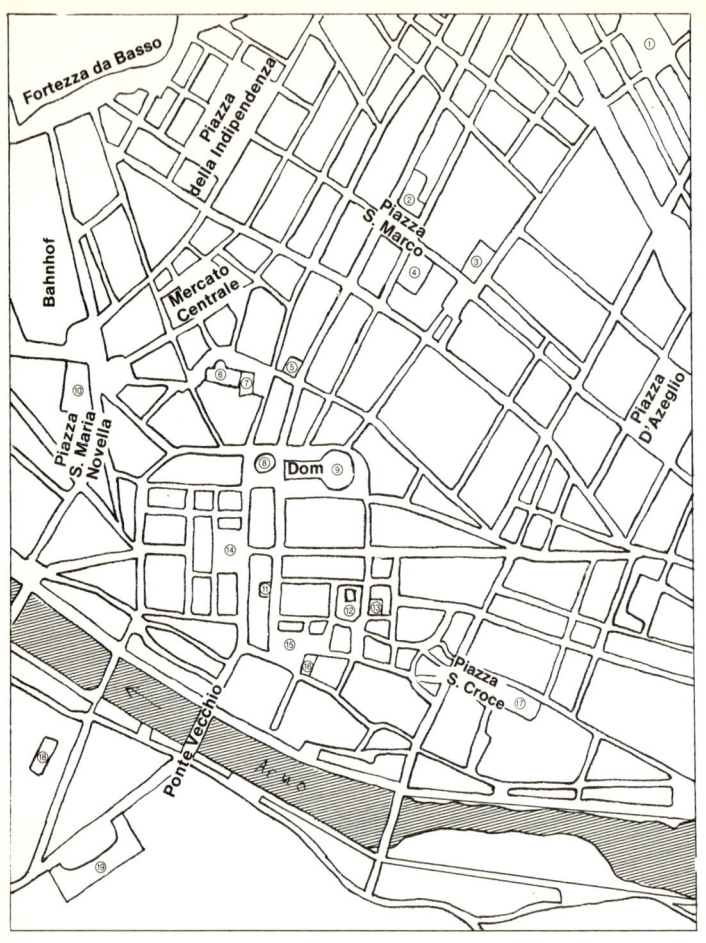

1 Piazza Frà Girolamo Savonarola, hier wurde 1882 ein Denkmal für den Mönch aufgestellt

2 San Marco, Savonarola wurde 1491 Prior des Klosters

3 Santissima Annunziata, nördlicher Schlußpunkt des urbanistischen Konzepts von Brunelleschi

4 Galleria dell'Accademia, Gründung der zweiten Hälfte des 18. Jahrhunderts, hier ist heute der David von Michelangelo, das republikanische Freiheitssymbol von 1509, zu sehen.

5 Palazzo Medici-Riccardi, der Architekt Michelozzi begann 1444 im Auftrag von Cosimo de'Medici mit dem Bau

6 San Lorenzo, in der Sacrestia nuova sind die Medici-Gräber von Michelangelo zu sehen.

8 Biblioteca Laurenziana, gegründet von Cosimo de'Medici, das Treppenhaus stammt von Michelangelo.

8 Baptisterium (San Giovanni), es wurde im 11. Jahrhundert zusammen mit der nicht mehr bestehenden Kathedrale Santa Reparata erbaut.

9 Santa Maria del Fiore, der Bau begann 1296, die geniale Kuppel ist von Brunelleschi, die Bemalung vom Ende des 19. Jahrhunderts.

10 Santa Maria Novella, Kirche der Dominikaner und Hauptkirche des westlichen Stadtviertels, der heutige Bau ist aus dem 14. Jahrhundert, die Fassade wurde von Alberti vollendet.

11 Orsanmichele, ursprünglich Getreidemarkt, die Loggia wurde ab 1367 mit gotischen Fenstern geschlossen und ist heute eine Kirche. Die Tabernakel der Außenpfeiler beherbergen die Schutzheiligen der Zünfte.

12 Badia fiorentina, Abtei aus dem 10. Jahrhundert. Das Gebäude, das im 13. Jahrhundert erweitert wurde, war vor der Errichtung des Palazzo Vecchio Zentrum der Macht in Florenz.

13 Bargello, stark befestigter Sitz des Polizeipräfekten aus dem 13. Jahrhundert, heute Museum.

14 Piazza della Repubblica, hier war bis zur Zerstörung Ende des letzten Jahrhunderts der Mercato Vecchio.

15 Piazza della Signoria, hier wurden zuerst die „Eitelkeiten" und dann Savonarola verbrannt, auch eine Feuerprobe war geplant.

16 Palazzo Vecchio, nach dem Bargello das zweite noch ganz mittelalterliche Gebäude, seit Anfang des 14. Jahrhunderts Sitz der Stadtregierung.

17 Santa Croce, Hauptkirche des östlichen Stadtteils, im 13. und 14. Jahrhundert von den Franziskanern errichtet.

18 Santo Spirito, Hauptkirche des südlichen Stadtviertels jenseits des Arno, im 13. Jahrhundert Konvent der Augustiner, der heutige Bau wurde von Brunelleschi begonnen.

19 Palazzo Pitti, seit 1458 errichtet von Fanelli nach einem Entwurf von Brunelleschi, im 16. und 17. Jahrhundert wesentlich erweitert, wodurch der heutige bombastische Eindruck zustande kam. Der erste Palast in Florenz, der von der Straße zurückgesetzt gebaut wurde, kam 1549 in den Besitz der Medici, die von hier die Stadt regierten. 1865–71, als Florenz Hauptstadt Italiens war, residierte hier König Vittorio Emanuele II.

(Der Stadtplan gibt nur die wichtigsten Straßen wieder)

Die erwecklichen Schriften

des Märtyrers

Hieronymus Savonarola.

Zur Belebung

christlichen und kirchlichen Sinnes

übertragen

von

Georg Rapp,

Pfarrer zu Oberurbach.

Stuttgart.
Verlag von S. G. Liesching.

1 8 3 9.

Erste deutsche Ausgabe von Texten Savonarolas

Beschäftigung mit dem Mönch nach dessen gewaltsamem Ableben

Nach dem Tode Savonarolas setzte eine Flut von Darstellungen ein, die bis heute nicht abgeebbt ist. Die bisher umfassendste Bibliographie ist die von Mario Ferrara. Er verzeichnet für die Jahre 1801 bis 1952 weit über 600 Werke. Allein für das Jubiläumsjahr 1898 führt er 65 Titel auf. Der weit überwiegende Teil dieser Literatur stammt von Verehrern oder Bewunderern Savonarolas, häufig von Theologen. Die kritischen Stimmen kommen von denjenigen, die in der bürgerlichen Tradition der Bewunderung der Renaissance mit ihren kulturellen Leistungen und der Medici stehen. Beispiele hierfür sind Goethe, Jacob Burckhardt und Thomas Mann bzw. Cleugh, Williamson und vor allem Marcel Brion. Hierher gehören auch eher kuriose Beiträge wie der Aufsatz von Warman Welliver, der vom Auftreten des amerikanischen Senators Joseph McCarthy eine Parallele in die Vergangenheit zog[243]. Eine der frühesten Stellungnahmen zu Savonarola stellt eine Schrift dar, die Herzog Ercole von Ferrara veranlaßt hat, der dem Frate unverdrossen die Stange hielt. Autor war sein Verwandter Giovanni Francesco Pico (1469-1533) aus dem westlich von Ferrara gelegenen Ort Mirandola (es handelt sich um den Neffen des fast gleichnamigen berühmten Humanisten). Pico legte 1496 ein »Büchlein über das ungerechte Exkommunikationsurteil für die Unschuld des Propheten Girolamo Savonarola« vor. Pico war ein entschiedener Anhänger von Savonarolas Lehre einer radikalen Reform der Kirche. 1515 verfaßte er eine »Verteidigung Girolamo Savonarolas gegen Samuel von Montecassino«, und 1530 erschien seine Biographie des Frate.

In Florenz

Schon zu Lebzeiten des Frate setzte eine lebhafte Flugschriftenliteratur für und wider ihn ein[244]. Auch nach seinem Tode verstummten seine Anhänger nicht. Zwischen dem 14. Dezember 1498 und dem 28. November 1500 starben fünf der Hauptbeteiligten an dem Prozeß gegen Savonarola, was von manchen als Fingerzeig Gottes angesehen wurde. Drei Jahre später mußte auch Papst Alexander sein Leben lassen und noch ein anderer Herr, der mit der Sache zu tun hatte:

»Und am 29. Mai 1503 wurde der Henker auf dem Richtplatz vom Volke mit Steinen getötet. ... So groß war die Wut des Volkes, daß sie ihn töteten und die

Kinder ihn hierauf bis Santa Croce schleiften. Einige wollten sagen, daß es ihm geschehen sei, weil er jene drei Mönche gehängt und verbrannt hatte.«[245]

Dies Beispiel zeigt, daß die Florentiner Savonarolas Ende in unguter Erinnerung hatten.

Die *piagnoni* waren 1498 in die Defensive gedrängt worden, aber das tat ihrer Partei keinen dauerhaften Abbruch. Bereits im folgenden Jahr majorisierten sie wieder die Stadtregierung. Im Juni 1500 durften die 14 von dort verbannten Mönche nach San Marco zurückkehren und 1509 erhielt das Kloster seine zunächst für 50 Jahre verbannte Glocke zurück. Neben den *piagnoni*, deren Anhängerschaft bis in die höchsten sozialen Ränge reichte, gab es noch eine radikale Gruppe von Savonarolafans, die *unti* (Gesalbte). Ihren Namen hatten sie daher, daß ihr Anführer Pietro Bernardino ihnen die Köpfe salbte. Die *unti* hielten nächtens in Bernardinos Haus und außerhalb der Stadt konspirative Versammlungen ab. Bei einer dieser Gelegenheiten soll der Obersalber Bernardino zum Papst gewählt worden sein. Er war ein Mann

»von niederer Herkunft, ..., 25 Jahre alt, von kleiner Gestalt; er hatte schwarze Augen, eine lange Nase und eine heisere Stimme. Ohne jede höhere Bildung, zeichnete er sich vor allem durch große Schlauheit aus.«[246]

Auch der Herr Pastor ein Antisemit?

Im Frühjahr des Jahres 1500 wurde Bernardino vor die *Otto di Guardia* zitiert. Die Behörde konnte sich aber nicht entschließen, gegen ihn vorzugehen, denn man wollte sich eine erneute Unruhe in der Stadt nicht leisten. Die Inquisitionsbehörde dachte da anders und begann eine Untersuchung wegen Häresie. Bernardino sah darin eine ernstzunehmende Bedrohung; er floh zu Pico, auf dessen Schloß in Mirandola. Zwei Jahre später wurde er dort überrascht, verhaftet und rasch, aber unauffällig verbrannt. Doch auch später noch gab es Anhänger Savonarolas in Florenz »als eine im geheimen hinschleichende Sekte«[247]. Ihre Doktrin bezeichnet Pastor als einen »nationalflorentinischen Staatspietismus«[248]. Tatsache ist, daß die *piagnoni* am Wiedererstarken des Republikanismus in Florenz nicht unbeteiligt waren. Die politische Konstellation hatte Ähnlichkeit mit der des Jahres 1494. Und in den kurzen Jahren der Republik nach der zweiten Vertreibung der Medici gelang es den *piagnoni*, die eine oder andere *Signoria* zu stellen.

Heute legen am 23. Mai eines jeden Jahres Vertreter des Dominikanerordens, der Bürgermeister von Florenz und Amtsträger in historischen Kostümen Blumen an der Gedenkplatte auf der Piazza della Signoria nieder. Der Tag heißt *la fiorita* (die Blüte). Begonnen haben soll die Sitte des Blumenniederlegens schon bald nach Savonarolas Tod, als die Familie des erschlagenen Francesco Valori sich dieses Brauches befleißigte. 1703, als die Familie ausstarb, hatte es zunächst einmal ein Ende damit. Aber 1898 begann die große Savonarolarenaissance. Damals wurde auch die heutige Gedenkplatte angebracht, die nun jedes Jahr mit Blumen geschmückt wird. Seit einigen Jahren hat Florenz einen kommunistischen Bürgermeister. Doch den ficht es nicht an, einen Mann zu ehren, der nicht gezögert hätte, ihn und seinesgleichen zu verfolgen. Es scheint, die Florentiner ehren jeden, so er nur lange genug tot ist. Auch dem zu Lebzeiten ins Exil geschickten Dante wurde nach 200 Jahren, als er berühmt geworden war, im Baptisterium der Dichterkranz aufgesetzt.

In der katholischen Kirche

Auch außerhalb von Florenz gab es nach Savonarolas Tod viele, die weiter seine Ideen vertraten. In Lucca hatten seine Predigten 1493 und 1495 große Wirkung getan. Im hiesigen Dominikanerkonvent San Romano fanden die aus Florenz geflohenen *frateschi* Zuflucht. Der Luccheser Pacifico Burlamacchi, einer der entschiedensten Parteigänger des Frate, trat 1499 in den Dominikanerorden ein und wurde später Subprior von San Romano. Dort »hat die Religion Savonarolas ... eine ganze Generation von Mönchen geprägt«[249]. Burlamacchi (1465-1519) wurde eine Biographie Savonarolas zugeschrieben, die unter seinem Namen erschienen ist, aber wohl erst einige Jahre nach seinem Tode abgefaßt wurde. Der Dominikaner Federigo Vincenzo aus Poggio, der ebenfalls dem Konvent San Romano angehörte, hat 1761 eine Neuausgabe dieser Biographie veranstaltet. Auch im 18. Jahrhundert war Savonarola noch ein heißes Eisen. Dem Text ist deshalb ein Hinweis vorgeschaltet:

»Hinweis: Wenn gesprochen wird von Heiligkeit, Martyrium, der Gnade der Wunder, Prophetie und anderen Dingen, so ist dies alles geschrieben um der historischen Wahrheit willen, aber niemals, um gegen die Anordnungen der heiligen römischen und allgemeinen Inquisition zu verstoßen oder gegen die Anweisungen von Urban VIII. aus dem Jahre 1631.«[250]

Der Text selbst zerfällt in zwei Teile: Denkwürdigkeiten aus Savonarolas Leben und eine Liste der von ihm gewirkten Wunder.
Alexander VI. folgte Julius II. auf den Papstthron, der ein scharfer Gegner des Borgia war. Er versuchte das Papsttum zu modernisieren, gründete die Schweizer Garde und beschäftigte Raffael, Bramante und Michelangelo. Unter seinem Pontifikat hatten die Anhänger Savonarolas ein relativ leichtes Leben, während der Medicipapst Leo X. sie schweren Verfolgungen aussetzte. Dennoch gab es noch das ganze 16. Jahrhundert eine Fülle von religiösen Erneuerungsbestrebungen mit »stark savonarolianischer Färbung«[251]. Immer wieder traten »Pseudopropheten und ehrgeizige Männer«[252] in seinem Namen auf. Diejenigen, denen es um eine Erneuerung der kirchlichen Tradition zu tun war, sahen im Auftreten Martin Luthers eine Bestätigung ihrer Hoffnungen. Luther verfaßte 1523 ein Vorwort zu Savonarolas »Meditatio pia«, die dieser 1498 in der Gefangenschaft geschrieben hatte. Das Vorwort beginnt mit folgenden Worten:

»Martin Luther dem frommen Leser
Gnade und Frieden in Christus. Die heiligen Betrachtungen des heiligen

Mannes Girolamo Savonarola bieten wir dir, bester Leser, dar, damit du durch dieses Beispiel erkennst, was für Männer jener Sitz unaussprechlicher Verderbtheit gewöhnlich zugrunde richtet. ... Diese römische Hydra, die der Antichrist gewesen ist, hat gewagt zu hoffen, das Ansehen eines solchen Mannes auszulöschen, auch mit Hilfe von Verleumdungen, aber, siehe, er lebt und sein Andenken wird gepriesen. Christus kanonisiert ihn für uns und vernichtet den Papst und die Papisten zugleich.«[253]

Deutliche Worte fürwahr.

In späterer Zeit fehlte es allerdings auch nicht an Versuchen, Luther vor Savonarola zu retten. Biermann betont in seiner Dissertation, zwischen beiden gebe es »auch nicht einen einzigen Berührungspunkt«[254]:

»Die Kluft, welche Mittelalter und Neuzeit voneinander trennt, trennt auch Savonarola von unserem Deutschen Luther. ... Savonarolas Geist ist im mittelalterlichen Dogmatismus gefesselt, seine Invectiven gegen Rom sind politischer Natur und arten in einen persönlichen Kampf aus. Luther vermeidet bei seinem Reformationswerk jede Politik.«[255]

Genau in die entgegengesetzte Richtung zielte der Pfarrer Georg Rapp, der als erster Schriften Savonarolas ins Deutsche übertrug[256], wenn man einmal von den damals bald folgenden deutschen Übersetzungen der Ausgabe Luthers absieht. Rapp sah in Savonarola den Beginn der Reformation:

»Doch der Statthalter der Finsterniß, der sich den Statthalter Gottes nannte, ließ die Wächter von der Zinne führen, denn sie hatten verkündet, was ihm übel gefiel: er ließ seinen Scheiterhaufen gegen den dämmernden Morgen hinaufflammen und Jene darin sterben. Aber die Zeit war erfüllet, die Flammen der Scheiterhaufen schlugen hinauf zum Angesicht der heiligen Gerechtigkeit und die zündete ein Feuer an, das die Ungerechten nicht löschen sollten. Die selbstsüchtige Menschenkraft kann nur zerstören, die Gotteskraft der Liebe nur schaffen. Darum hat die Reformation gesiegt und wird siegen ...«[257]

Ausgangspunkt einer intensiven Debatte innerhalb der katholischen Theologie war dann die Papstgeschichte Ludwig Pastors. Sie erschien in 16 Bänden in den Jahren 1886 bis 1906. Pastor (1854-1928) war Historiker und leitete seit 1901 das österreichische Historische Institut in Rom. Da er die Päpste auf Gedeih und Verderb zu rechtfertigen hatte, mußte er mit Savonarola insoweit in Schwierigkeiten geraten, als dieser die päpstliche Autorität negiert hatte. Gegen Pastor trat Paolo Luotto auf[258]. Bei dieser Auseinandersetzung stellte sich Joseph Schnitzer auf die Seite Luottos[259]. Im gleichen Jahr setzte sich Pastor in einer Schrift mit den Kritikern des dritten Bandes seiner Papstgeschichte auseinander[260]. Gleich zu Beginn kommt er auf sein Dilemma zu sprechen:

»Dem katholischen Dogma als solchem ist Savonarola in der Theorie stets treu geblieben; gleichwohl hat er mit seiner Läugnung der Strafgewalt des Heiligen Stuhles und seinen Concilsplänen, die im Falle des Gelingens zum Schisma führen mußten, praktisch unkirchliche Tendenzen vertreten.«[261]

Joseph Schnitzer (1859-1939) dagegen identifizierte sich bedingungslos mit Savonarola, so sehr, daß er selbst in Schwierigkeiten mit der katholischen Obrigkeit geriet.

Schnitzer war Professor für katholische Theologie in München und widmete der Forschung über den Frate 25 Jahre seines Lebens. Er

140

schrieb nicht nur die bis heute umfänglichste Darstellung seines Lebens, sondern gab auch mehrere Bände »Quellen und Forschungen zur Geschichte Savonarolas« heraus. Schnitzers Ziel war es, Savonarola als Kirchenreformator darzustellen, der aber im Gegensatz zu Luther die Tradition bei seiner Reform respektieren wollte und so, wäre er erfolgreich gewesen, die Einheit der Kirche gerettet hätte. Im Vorwort zur italienischen Ausgabe seiner Biographie heißt es:

»Wenn Rom getan hätte, was er vorgeschlagen hat, wäre das brennende Verlangen der Christenheit gestillt worden. Luther, Calvin und all die anderen Reformatoren hätten kommen können, aber sie hätten kein Echo gefunden. Mit Savonarola schlug die letzte Stunde für eine rechtmäßige Reform der Kirche.«[262]

Herr Pastor war hier ganz anderer Meinung.

Als Schnitzer seine Auswahl aus Savonarolas Schriften und Predigten vorbereitete, wurde ihm die Erlaubnis zur Benutzung der vatikanischen Bibliothek ohne Angaben von Gründen verweigert. Zur Frage, wer dahinter steckte, bemerkte Schnitzer im Vorwort:

»Vielleicht möchte der österreichische Gesandte beim Heiligen Stuhle hierüber Aufschluß geben, der Verfasser der Papstgeschichte, der schon im Jahre 1898 meine in den Historisch-politischen Blättern veröffentlichten Aufsätze gern auf den Index gebracht hätte.«[263]

Mit dem erzreaktionären Antisemiten Joseph Schnitzer fühlt sich der Revoluzzer Horst Herrmann verwandt. Auch Herrmann war Professor für katholische Theologie, in Münster, und auch er hatte Schwierigkeiten mit der kirchlichen Obrigkeit. Vor einer Kommission der Deutschen Bischofskonferenz führte er Klage gegen das bischöfliche Verbot, weiterhin Priester auszubilden. Er wollte es amtlich haben, daß er »ein Ketzer ist«[264]. Herrmann (geb. 1940) versucht in seiner Darstellung[265], Savonarola zu einem Ketzer hochzustilisieren, der gegen die florentinische Lauheit den konsequenten Marsch durch die (kirchlichen) Institutionen setzte. Herrmann ist heute weder Priester noch Ketzer, sondern Soziologieprofessor und glücklich verheiratet.

In der italienischen Politik

Verschiedene Temperamente haben verschiedene Sichtweisen zur Folge. Während der brave Apotheker Landucci, aus dessen berühmtem Tagebuch verschiedentlich zitiert worden ist, aus seiner Zuneigung zu Savonarola keinen Hehl macht und bei dessen Tod redliche Traurigkeit spüren läßt, tut der Patrizier und Diplomat Guicciardini vorsichtshalber so, als habe er keine Meinung zu diesem Thema. Pico wiederum war von der Gestalt des Mönches so fasziniert, daß er ihn mit Christus gleichzusetzen suchte. Die Dominikaner fuhren fort, ihren Mitbruder zu verherrlichen. Um die Mitte des 19. Jahrhunderts entstand gar im Kloster von San Marco die Bewegung der *piagnoni nuovi*, der neuen Winsler. Im 19. Jahrhundert gewann die Gestalt des Frate ein neues Interesse im Kontext der italienischen Nationalstaatsbewegung. Am wichtigsten ist in diesem Zusammenhang Pasquale Villari, der auch eine zweibändige Biographie Savonarolas geschrieben hat, die eine Menge bis dahin unveröffentlichter Dokumente ans Licht gebracht hat.

Der Historiker Villari (1827-1917) stammt aus Neapel und bekleidete dort eine Professur. 1848 beteiligte er sich an der Revolution und mußte vor den Bourbonen fliehen. Villari ließ sich nun in der Toskana nieder und übernahm 1866 eine Professur in Florenz, das im Jahr zuvor Hauptstadt des fast vereinigten Italien geworden war (Rom war noch in der Hand des Papstes). 1867 wurde Villari Deputierter, 1891 Unterrichtsminister und 1903 Präsident des internationalen Historikerkongresses in Rom. Er verfaßte Werke zur italienischen und florentinischen Geschichte, weiter schrieb er ein Buch über Dantes »Göttliche Komödie« und Biographien Savonarolas und Machiavellis. Savonarola war für Villari ein Freiheitsheld, der insofern das 19. Jahrhundert antizipierte. Wichtig ist Villari die angeblich historisch überlieferte Szene am Sterbebett von Lorenzo de' Medici.

Savonarola sprach zu dem sterbenden Lorenzo, der ihn zu sich gerufen hatte, damit er ihm die Absolution erteile:

»Drei Dinge sind notwendig. Welche Dinge, Pater? antwortete Lorenzo. Savonarolas Gesicht verfinsterte sich, und die Finger der rechten Hand ausstreckend begann er: Erstens ein starkes und lebhaftes Vertrauen in die Gnade Gottes. – Ich habe das vollste Vertrauen in sie. Zweitens mußt du allen unrechtmäßig erworbenen Reichtum zurückerstatten oder zumindest deine Söhne damit beauftragen. – Hier schien der Prächtige von Überraschung und Gram getroffen zu sein; nichtsdestotrotz gab er sich einen Ruck und nickte zustimmend. Savonarola stand nun auf und, während der sterbende Herrscher furchterfüllt in sein Bett gekauert lag, schien er über seine irdische Gestalt hinauszuwachsen, als er sagte: Schließlich mußt du dem Volk von Florenz die Freiheit zurückgeben. Sein Gesicht war ernst, seine Stimme furchterregend, seine Augen schienen die Antwort zu ahnen. Sie fixierten starr die Augen Lorenzos, der ihm, seine ganze verbliebene Kraft sammelnd, ärgerlich den Rücken zukehrte, ohne ein Wort zu sagen. Entsprechend verließ Savonarola ihn, ohne Absolution und ohne die Beichte gehört zu haben.« [266]

Villari bemüht sich, in einer mehrere Seiten umfassenden Anmerkung, die Authentizität dieser Episode nachzuweisen [267]. Sie ist zentral für seine Interpretation Savonarolas als republikanischen Freiheitsheld.

Auch eine politische Aussage ist sicherlich die Statue, die die Stadt Florenz dem Mönch aus Ferrara gewidmet hat. Sie wurde am 25. Juni 1882 auf einem nach ihm benannten Platz außerhalb der Altstadt aufgestellt. Die rechte Hand ist mit dem Kreuz himmelwärts gereckt, während die linke sich fest auf den Marzocco stützt, den Löwen, der das Symbol von Florenz ist [269]. Der Sockel der Statue trägt die Aufschrift:

»Das befreite Italien dem Girolamo Savonarola nach 384 Jahren.« [270]

In der Literatur

Auch die Schriftsteller haben ein erstaunliches Interesse an der Figur des Frate gezeigt. Er wird als Verfechter eines reinen Glaubens (Lenau, Kurz), als heroischer Mystiker (Alessi), als anmaßender Fanatiker (Voss, Eliot) oder als machthungriger Kulturfeind (Uhde, Mann) gezeigt. Die wichtigsten literarischen Bearbeitungen der historischen Gestalt Savonarolas sind im Folgenden in alphabetischer Reihenfolge aufgeführt [271].

Rino Alessi, Savonarola. Dramma in cinque atti, 1933

Anonymus, Savonarola. Poemetto, 1846

Ähnlich Villari stellt der Autor Savonarola als Freiheitshelden dar, der Italien von fremdem Ketten befreien will.

Anonymus, Fra Girolamo Savonarola. Studio drammatico, 1875

Joseph von Auffenberg, Der Prophet von Florenz. Trauerspiel in fünf Aufzügen, 1838

Auffenberg (1798-1857) war Vorsitzender des badischen Hoftheaterausschusses in Karlsruhe, er versuchte Schiller nachzuahmen und stellte, inspiriert von Meier, Savonarola als apostolischen Revolutionär dar.

A. Wallace Bacon, Savonarola. A play in nine Scenes, 1950

Eine Komödie, die 1946 Premiere hatte.

Franz Bachmann, Savonarola. Ein Drama in fünf Aufzügen, 1907

Konrad von Bolanden, Savonarola. Roman, eine alte Geschichte neu erzählt, 1882

Bolanden (Pseudonym für Joseph Bischoff) war ein Theologe, der im Vatikan hoch im Kurs stand und sich ab 1869 ganz der Schriftstellerei widmete. Er schrieb Theaterstücke gegen die Reformation, gegen die Naturwissenschaft und gegen den Liberalismus. Sein Savonarolaroman ist gegen Scherr gerichtet.

Francesco Fortunato Carloni, Savonarola, Dramma tragico in cinque atti, 1885

Albert Castelnau, Zanzara, 2 Bde. 1860

Diese romanhafte Biographie schildert den Kampf zwischen Rationalismus (Machiavelli), Mystizismus (Savonarola) und religiöser Autorität (Loyola).

Pietro Corelli, Fra Girolamo Savonarola. Storia del secolo XV, 3 Bde., 1850-51

William James Dawson, Savonarola. A Drama, 1900

Kurt Delbrück, Lorenzo von Medici und Savonarola. Roman, 1920

ders., Papst Alexander und Savonarola. Ein Sittenroman aus der Renaissance, 1921

De Sant'Arpino, Savonarola. Drame historique en six actes, 1875

George Eliot, Romola, 1863

Eliot (1819-1880; Pseudonym für Mary Ann Evans) war eine der bedeutendsten englischen Frauengestalten des 19. Jahrhunderts. Sie übersetzte David Strauß und Ludwig Feuerbach und arbeitete mit an der freisinnigen »Westminster Review«. In ihren jüngeren Jahren beschrieb sie eine Reihe von All-

tagsschicksalen, später verfaßte sie psychologische Romane, darunter
Romola.

Karl Frenzel, Schönheit. Novelle, 1887

Joseph Arthur Graf Gobineau, La Renaissance. Scènes histori-
ques, 1877, dt. 1896

Der Diplomat und Orientalist Gobineau (1816-1882) wollte in diesen Sze-
nen die historische Verwirklichung der Moral der Stärke zeigen. Bekannt
geworden ist seine Abhandlung »Über die Ungleichheit der Menschenras-
sen« (4 Bde., 1853-55, [2]1884)[272]. Ludwig Schemann, Begründer der deutschen Gobineau-Vereinigung, übersetzte das Werk ins Deutsche, wodurch
es vor allem wirksam wurde. Es beeinflußte Nietzsche, Wagner, Hitler und
deren Anhänger.

Roger de Goeij, Savonarole. Drame en vers, en quatre journées,
1893

Ernst Hammer, Savonarola. Trauerspiel in fünf Aufzügen und
einem Vorspiel »Die Borjas«, 1899

Karl Hepp, Der Prior von San Marco. Drama, 1899

Isidor Hopfner S. J., Savonarola. Geschichtliches Trauerspiel in
fünf Akten, 1908

Newman Howard, Savonarola, a city's tragedy, 1904

Ludwig Huna, Der Mönch von San Marco. Roman, 1931

Verherrlichung Savonarolas auf der Basis von Schnitzers Biographie.

Ludwig Kelber, Savonarola. Dramatisches Gedicht, 1900

Isolde Kurz, Der heilige Sebastian. Novelle, 1890

Kurz (1853-1944) lebte 1877-1913 in Florenz und wurde dort mit Hilde-
brand, Marées und anderen bekannt.

Nikolaus Lenau, Savonarola. Ein Gedicht, 1837

Lenau (1802-1850; Pseudonym für Nikolaus Niembsch, Edler von Strehle-
nau) hatte einen epischen Zyklus über Savonarola, Hus und Hutten geplant,
von dem er nur den ersten Teil schrieb.

Raimund von Leon, Savonarola. Trauerspiel in fünf Aufzügen,
1902

Peter Lohmann, Girolamo Savonarola. Historisches Trauerspiel in
drei Acten, 1856

Thomas Mann, Fiorenza. Drei Akte, 1905

Mann (1875-1955) entwickelt in seinem einzigen Drama den Gegensatz von
»Geist« und »Kunst« an den Gestalten von Lorenzo de' Medici und Savonarola. Vorausgegangen war die Novelle »Gladius Dei« (1902). Das Drama
endet mit einem Ausruf Savonarolas: »Ich liebe das Feuer.«[273]

Ugo Mioni, Girolamo Savonarola. Romanzo, 1941

Salvatore Mormone, Savonarola. Tragedia in cinque atti, 1863

Thematisiert den Gegensatz zwischen Machiavelli und Savonarola ähnlich
wie Prezzolini[274].

Giuseppe Revere, I piagnoni e gli arrabiati al tempo di Fra Girolamo Savonarola. Dramma storico, 2 Bde., 1843

Ermolao Rubbieri, Francesco Valori. Dramma storico, corredato di annotazioni e preceduto da un Discorso sulla poesia drammatica italiana, 1848

Armand Salacrou, Die Erde ist rund. Drama, 1938, dt. 1946

Salacrou (1899–1989) ist Verfasser von zeitgenössischen Lustspielen und Dramen. Er zeigt hier die Verführung des sich auserwählt Glaubenden zu inhumanen Machtmitteln.

Johannes Scherr, Der Prophet von Florenz. Wahrheit und Dichtung, 3 Bde., 1845

Scherr (1817-1886) war einer der Führer der süddeutschen Demokraten; er wurde 1848 in die württembergische Abgeordnetenkammer gewählt und mußte nach der Niederlage der Revolution in die Schweiz emigrieren. In Savonarola sah er den heldenhaften Verkünder eines evangelischen Christentums.

Ernst Schreiner, Die Meistergeige. Eine geschichtliche Erzählung aus den Tagen Savonarolas, 1921

Carl Snoilski, Savonarola. Poema in quattro canti, schwed., italien. 1884

Gabriel Trarieux, Les Vaincus, 1900

Das Drama besteht aus den beiden Teilen »Hypathie« und »Savonarole«. Die Neuausgabe »Les Vaincus. Hypathie, 4 actes« (1904) enthält ein Vorwort von Georges Clemenceau.

Wilhelm Uhde, Savonarola. Ein Schauspiel in fünf Akten, 1901

Richard Voss, Savonarola. Drama, 1878

Voss (1851-1918) lebte mit Unterbrechungen als freier Schriftsteller in Frascati.

Wilhelm Weigand, Savonarola. Ein dramatisches Gedicht in fünf Akten, 1892

Weigand (1862-1949), der ab 1889 in München lebte, zeigt Lorenzo de' Medici, Pico und Savonarola in ihrem jeweiligen Streben nach Glück für die Menschheit.

William van Wyck, Savonarola. A Biography in Dramatic Episodes, 1926

Zeittafel

1498 11.2.: Savonarola beginnt wieder zu predigen
17.2.: Zweite Verbrennung der Eitelkeiten
7.3.: Die florentinischen Gesandten überbringen dem Papst die Ablehnung seiner Forderungen durch die Stadt
17.3.: Die *Signoria* verbietet Savonarola das Predigen, weist aber die Forderung nach Auslieferung an den Papst zurück
18.3.: Savonarola predigt zum letzten Mal
März: Savonarola publiziert seine Abhandlung »Über die Regierung der Stadt Florenz«
7.4.: Feuerprobe; Karl VIII. stirbt in Amboise
8.4.: Letzter Versuch Savonarolas, noch einmal zu predigen, Francesco Valori wird ermordet, Sturm auf San Marco, Gefangennahme Savonarolas
9.4.: Die Kommissionen der Zehn und der Acht, die von Savonarolas Anhängern beherrscht waren, werden umbesetzt, Beginn von Savonarolas Verhör
19.4.: Öffentliche Verlesung des erpreßten Geständnisses
Ende April/Anfang Mai: Prozeß gegen Savonarola und zwei Mitbrüder
20.5.: Erneutes Verhör Savonarolas unter Beisein von päpstlichen Kommissaren
22.5.: Verkündung des Todesurteils gegen alle drei Dominikaner
23.5.: Hinrichtung auf der Piazza della Signoria
19.6.: Machiavelli wird Kanzleisekretär
1499 März: Savonarolas Anhänger majorisieren erneut die Stadtregierung
1.10.: Marsilio Ficino stirbt in der Medicivilla in Careggi
1502 22.9.: Piero Soderini wird *Gonfaloniere di Giustizia* auf Lebenszeit
1503 Piero di Lorenzo de' Medici stirbt im Exil
1503–13 Papst Julius II.
1510 Botticelli stirbt in Florenz
1512 Die Medici erobern Florenz mit spanischer Hilfe zurück und werden zu Herzögen erhoben, Machiavelli wird aus den Diensten der Stadt entlassen und vorübergehend ins Gefängnis geworfen
1513 Machiavelli schreibt »Il Principe«, den er den Medici widmet, um ihre Gunst zu gewinnen
1513–21 Papst Leo X. (Giovanni de' Medici)
1523–34 Papst Klemens VII. (Giulio de' Medici)
1527 Neuerliche Vertreibung der Medici, Machiavelli stirbt in Florenz
1527–30 Letzte florentinische Republik
1530 Die Stadt kapituliert vor einem kaiserlich-päpstlichen Heer, Wiedereinsetzung der Medici, Auflösung der toskanischen Kongregation des Dominikanerordens
1532 Alessandro de' Medici wird Herzog von Florenz, eigentlicher Herrscher ist aber Klemens VII.
1882 25.6.: Die Stadt errichtet Savonarola eine Statue auf dem nach ihm benannten Platz
1898 23.5.: Zu Savonarolas 400. Todestag wird auf dem Hinrichtungsplatz eine Gedenktafel eingelassen

Anmerkungen

1.   Pastor, 1938, 180
2.   Heyck, 1902, 118
3.   Vgl. Piper, 1981, 27 ff
4.   Seine Rezeption der klassischen Antike, die später in anderer Form in der Französischen Revolution wieder aufgenommen wurde, brachte ihn zu mystischen Ideen, die von seiner politischen Intention abführten. Zur Bedeutung Rienzos vgl. Horkheimer, 1970, 110 ff
5.   Vgl. Piper, 1981, 63 ff
6.   F. Borkenau, Vom feudalen zum bürgerlichen Weltbild. Studien zur Philosophie der Manufakturperiode, (1934) 1973, 101
7.   Marx weist darauf hin im Kapitel über »die sogenannte ursprüngliche Akkumulation« im ersten Band des »Kapital«. Er betont: »Obgleich die ersten Anfänge kapitalistischer Produktion uns schon im 14. und 15. Jahrhundert in einigen Städten am Mittelmeer sporadisch entgegentreten, datiert die kapitalistische Ära erst vom 16. Jahrhundert.« (MEW 23, 1975, 743)
8.   K. Marx, Ökonomisch-philosophische Manuskripte, in: K.M., Texte zu Methode und Praxis, Bd. 2: Pariser Manuskripte 1844, 1968, 103
9.   Zit. M. Müller, Künstlerische und materielle Produktion. Zur Autonomie der Kunst in der italienischen Renaissance, in: Autonomie der Kunst. Zur Genese und Kritik einer bürgerlichen Kategorie, 1972, 57
10.   Chledowski, 1919, 69
11.   M. Savonarola, Confessionale, zit. Chledowski, 1919, 50
12.   Schnitzer, Einleitung zu Savonarola, 1928, IV
13.   Schnitzer, 1924, I 13
14.   Zit. ebd. Vgl. hierzu Paassen, 1961, 37 ff
15.   Schnitzer, 1924, I 14
16.   Burlamacchi, 1764, 5 f
17.   In unserer Kultur spielt kaltes Wasser als Disziplinierungsmittel ja eine große Rolle (bis hin zu den Wasserwerfern der Polizei). Noch vor nicht allzu langer Zeit empfahlen »Aufklärungs«bücher pubertierenden Jugendlichen kalte Waschungen als Mittel gegen die Versteifung des Penis.
18.   Savonarola, 1928, 2
19.   Ein eindeutiges Eheverbot für Priester sprach erst das zweite Laterankonzil 1139 aus. Vgl. zum Problem der Priesterehe K. Deschner, Das Kreuz mit der Kirche. Eine Sexualgeschichte des Christentums, ²1974, 151 ff u. 158 ff
20.   J. Le Goff, Das Hochmittelalter, 1965 (= Fischer Weltgeschichte, Bd. 11), 245

[21] In Florenz gibt es heute eine Waldenserkirche in der Via Micheli. In Deutschland schlossen sich die Waldenser im 19. Jahrhundert der evangelischen Landeskirche an. Kautsky rubriziert die Waldenser als »ketzerischen Kommunismus«. Vgl. K. Kautsky, Vorläufer des neueren Sozialismus, Bd. 1: Kommunistische Bewegungen im Mittelalter, (1896) [8]1976, 225 ff

[22] Ranke, 1925, 79

[23] Schnitzer, 1924, I 25

[24] Pastor, 1938, 160

[25] G. Capponi (Storia della Republica di Firenze, ([2]1876) 1976) über Savonarolas ersten Aufenthalt in Florenz: »Als junger Mann aus Ferrara gekommen, wo er eine Art venezianischen Dialekt gesprochen hatte, begann er in Florenz zu predigen. ›Am Anfang sagte er *ti* und *mi*, worüber die anderen Mönche sich amüsierten.‹ Er wurde später ein großer Redner, nachdem er eine korrekte und richtige Sprache erlernt hatte, ohne jemals zu sehr zu versuchen, sich eine typisch florentinische Sprechweise anzueignen.« (II 461). Durch Dante, Petrarca und Boccaccio hatte sich im 14. Jahrhundert das Toskanische, und besonders das Florentinische, gegenüber allen anderen italienischen Dialekten durchgesetzt. Später setzte es auch die Normen für die italienische Schriftsprache (Vocabolario degli Academici della Crusca, 1612, [4]1729–38).

[26] Vgl. Piper, 1981, 53 ff

[27] 1411 wurde noch eine zweite Medici-Bank in Rom gegründet, die jedoch bei weitem nicht die Bedeutung der ersten gewann. Vgl. G. Holmes, How the Medici became the Pope's Bankers, in: Florentine Studies, hg. v. N. Rubinstein, 1968, 362

[28] G. Holmes, a.a.O., 364

[29] De Roover, 1963, 48. Zu bemerken ist allerdings, daß die in den beiden genannten Jahren erhobenen Steuern nicht ganz vergleichbar sind.

[30] Gerade die Medici waren für eine »doppelte Buchführung« ganz eigener Art bekannt. Ein Buch wurde für die Finanzbeamten geführt, im *libro segreto*, dem geheimen Buch, wurden die tatsächlichen Einnahmen verzeichnet.

[30 a] Der türkisch-venezianische Krieg (1463 –1479) verlief für Venedig wenig erfolgreich. Paul II. (1464 –1471) war deshalb froh, vom vorderasiatischen Alaun unabhängig zu werden.

[31] De Roover, 1963, 226 f

[32] Ebd., 16

[33] Molho, 1971, 161 f

[34] Ebd., 175

[35] Ebd., 179

[36] Ebd., 180 f

[37] G. Cavalcanti, Istorie fiorentine, hg. v. I. Polidori, 1838/39, II 400

[38] Heyck, 1902, 32

[39] Alle paar Jahre wurden die Wahlbeutel neu gefüllt mit Zetteln, auf denen die Namen aller Bürger verzeichnet waren, die das passive Wahlrecht hatten. Jede Familie trachtete natürlich danach, möglichst viele ihrer Mitglieder dort unterzubringen. Aus diesen Wahlbeuteln wurden dann durch Los (oder Wahl) die städtischen Amtsträger ermittelt. Eine genaue Beschreibung des Wahlsystems gibt Rubinstein, 1966. Eine Analyse der

Personalstruktur des Regierungssystems im Jahre 1433 gibt Kent, 1975, 587 ff u. 621 ff.

[40] Die *Signoria* amtierte jeweils zwei Monate. Sie bestand aus dem *Gonfaloniere di Giustizia* (Bannerträger der Gerechtigkeit) und acht Prioren.

[41] Heyck, 1902, 37

[42] Rubinstein, 1966, 110

[43] G. Antonelli, La magistratura degli Otto di Guardia a Firenze, Archivio Storico Italiano 112 (1954), 7. Eine Polizei im heutigen Sinne gab es natürlich noch nicht; das italienische *guardia* bezeichnet alle Uniformträger, die irgendwelche Sicherheitsfunktionen wahrnehmen.

[44] Ebd. 15

[45] Vgl. die Karte »Espansione del comune fiorentino sino al 1494« im Atlante storico illustrato, 1974, 48

[46] Vgl. die Karte »L'Italia dopo la pace di Lodi (1454)« ebd., 44

[47] V. Ilardi, The Italian League, Francesco Sforza and Charles VII (1454–61), Studies in the Renaissance VI (1959), 131

[48] Villari, 1896, 59

[49] K. Vorländer, Philosophie der Renaissance, 1965, 26

[50] E. Grassi, Humanismus und Marxismus. Zur Kritik der Verselbständigung von Wissenschaft, 1973, 101 Anm. 47

[51] Vgl. Piper, 1981, 105 ff

[52] R. zur Lippe, Naturbeherrschung am Menschen, Bd. 1: Körpererfahrung als Entfaltung von Sinnen und Beziehungen in der Ära des italienischen Kaufmannskapitals, 1974, 291 ff

[53] F. Borkenau, Zur Soziologie des mechanistischen Weltbildes, Zeitschrift für Sozialforschung 1 (1932), 316

[54] Wer sich für Lorenzos Karnevalsdichtung interessiert, sei verwiesen auf M. Bowra, Songs of Dance and Carnival, in: Italian Renaissance Studies, hg. v. E. Jacob, 1960, 328 ff

[55] H. Williamson, Lorenzo the Magnificent, 1974, 255

[56] Dizionario della letteratura italiana, hg. v. E. Bonora, Bd. 1, 1977, 329

[57] Fanelli, 1973, I 255

[58] Ebd., 287

[59] M. Baxandall, Die Wirklichkeit der Bilder. Malerei und Erfahrung im Italien des 15. Jahrhunderts, dt. 1977, 88. Sehr eindrucksvoll ist der noch heute zu sehende *Scoppio del Carro* (Explosion des Wagens), der am Ostersonntag zwischen Dom und Baptisterium aufgeführt wird. Der heilige Geist entzündet in Form einer hölzernen Taube ein Feuerwerk.

[60] Zit. Landucci, Bd. 1, 1912, 74 f Anm. 3

[61] M. Baxandall, a.a.O., 89

[62] Dazu ausführlich C.F. Flögel, Geschichte des Groteskekomischen, 1788, 223 ff, der Luther vor dem Vorwurf in Schutz nimmt, er sei ein Freund des Karneval.

[63] Vgl. M. Bachtin, Literatur und Karneval. Zur Romantheorie und Lachkultur, dt. 1969, 50, und H. Cox, The Feast of Fools. A Theological Essay on Festivity and Fantasy, 1969, 3 f. Die von Bachtins Übersetzer gewählte Übersetzung »Feiertag der Dummköpfe« halte ich für wenig glücklich.

[64] Oskar Negt in einem Gespräch mit Dorothee Sölle: »Katholizismus ist ja gegenüber dem Protestantismus ... ohnehin die sinnlichere Religion, eben weil es Ausnahmen gibt.« (Über die Aktualität der Marxschen

Religionskritik, in: Religionsgespräche. Zur gesellschaftlichen Rolle der Religion, 1975, 183). Einen ähnlichen Aspekt betont auch H. Cox, a.a.O., dem es um den *homo festivus* und den *homo fantasia* geht: »In Western civilization we have placed an enormous emphasis on man as worker (Luther and Marx) and man as thinker (Aquinas and Descartes). Man's celebrative and imaginative faculties have atrophied.« (p. 11) Wäre dies der einzige Gesichtspunkt, müßte Savonarola in der Tat als radikaler Protestant bezeichnet werden, wie Calvin, mit dem er oft verglichen worden ist.

[65] E. Catholy, Fastnachtsspiel, 1976, 10

[66] A. Spamer, Deutsche Fasnachtsbräuche, 1936, 8

[67] Die beiden anderen waren eine Götterspeisung und ein öffentliches Gastmahl. Vgl. z. B. Der Kleine Pauly, Bd. 4, 1979, 1569

[68] K. Kerényi, Ursinn und Wandel des Utopischen, in: Eranos-Jahrbuch 1963, 1964, 22

[69] M. Bachtin, a.a.O., 34

[70] E. Catholy, a.a.O., 13

[71] M. Bachtin, a.a.O., 48

[72] Ebd., 59

[73] R. de Roover, Cosimo de' Medici come banchiere e mercante, Archivio Storio Italiano 123 (1965), 468

[74] Dies, die Illustration der Sombartschen These »Der Bourgeois verfettet in dem Maße, wie er reicher wird«, ist auch das Thema von Alfred von Martins »Soziologie der Renaissance« (1932, [3]1974). Martins Kapitalismuskritik trägt allerdings deutlich reaktionär-aristokratische Züge, ähnlich der von J. Strieder (Zur Genesis des modernen Kapitalismus, [2]1935), A. Zycha (Über die Anfänge der kapitalistischen Ständebildung, 1938 in VSWG) u.a.; es ist eine Kritik an den Neureichen, nicht an der Ausbeutung.

[75] Zit. Rubinstein, 1966, 221

[76] De Roover, 1963, 30 f

[77] Ranke, 1925, 49

[78] Landucci, Bd. 1, 1912, 30

[79] Diese Interpretation ist allerdings etwas umstritten. Vgl. L'opera completa del Botticelli, 1978, 96

[80] Marks, 1960, 136. Bei den *prestanze* gab es immer zwei Möglichkeiten: Entweder man bezahlte den geforderten Betrag und erhielt eine Staatsanleihe in gleicher Höhe, wovon v.a. die Wohlhabenden gern Gebrauch machten. Oder man zahlte nur ein Drittel der Summe und gab das Geld dafür verloren. Es ist daher allgemein üblich, die *prestanze* mit zu den Steuern zu rechnen.

[81] Ebd., 137

[82] Zit. Landucci, Bd. 1, 1912, 59 Anm.

[83] Cleugh, 1977, 254

[84] H. Kühner, Lexikon der Päpste, 1960, 105

[85] Ob hier ein Zusammenhang besteht, ist nach wie vor umstritten. Vgl. H. Haustein, Die Frühgeschichte der Syphilis 1495-1498, Archiv für Dermatologie und Syphilis 161 (1930), 255 ff, und neuerdings E. Bäumler, Amors vergifteter Pfeil. Kulturgeschichte einer verschwiegenen Krankheit, 1976, 15 ff

[86] Giucciardini, 1968, 94

[87] Landucci, Bd. 1, 1912, 106 f

[88] G. Capponi (Anm. 25), III 346

[89] Landucci, Bd. 1, 1912, 108

[90] Ebd., 108 ff

[91] Ebd., 128

[92] Ebd., 129 f. Die »verschämten Armen« sind wie die »Hausarmen« Leute, die »unverschuldet in Not geraten« sind und sich nicht vom Bettel ernähren, sondern in äußerster Zurückgezogenheit ihr Dasein fristen und auf Unterstützung angewiesen sind.

[93] Ebd., 130

[94] Zit. Hefele, 1912, 57

[95] G. Savonarola, Prediche sopra Aggeo, 1965 (= Edizione nazionale), 244

[96] J. Habermas, Zur Logik der Sozialwissenschaften, [2]1971, 170

[97] Ebd., 172

[98] Landucci, Bd. 1, 1912, 132

[99] G. Savonarola (Anm. 95), 210

[100] Ebd., 211 f

[101] Ebd., 212 f

[102] Ebd., 220

[103] Ebd., 228

[104] Landucci, Bd., 1912, 132

[105] Das Frauenverbot vermerkt Landucci auch für die folgenden beiden Sonntage. Vgl. ebd., 133 u. 135

[106] Vgl. Guicciardini, 1968, 109; Mazzone, 1978, 46 ff; Weinstein, 1970, 248 f. Besonders der venezianische *Consiglio Maggiore* galt als nachahmenswert. Vgl. G. Maranini, La Constituzione di Venezia, Bd. 2, (1931) 1974, 33 ff und F.C. Lane, Venice. A Maritime Republic, 1973, 429: Fig. 40 »The Structure of the Government«

[107] Die *Tre Maggiori* waren: die acht Prioren, die 16 *gonfalonieri* und die *buonuomini*.

[108] N. Rubinstein, I primi anni del Consiglio Maggiore di Firenze (1494-99), Archivio Storico Italiano 112 (1954), 180. Das dort zitierte Datum ist im florentinischen Stil, daher Verschiebung um ein Jahr. Die Leitung der Bauarbeiten hatten Antonio da San Gallo und Simone di Tommaso del Pollaiolo, der ein Anhänger Savonarolas war. Die Teilnahme Leonardos ist Legende; vgl. G. Orlandi, Il Palazzo Vecchio di Firenze, 1977, 89 f

[109] Landucci, Bd. 1, 1912, 139

[110] Zit. Marks, 1954, 45

[111] Landucci, Bd. 1, 1912, 134

[112] Zit. Mazzone, 1978, 100 f

[113, 114] Zit. ebd., 102

[115] Acta Italica, Bd. 6: Firenze, 1967, 55

[116] Zit. Hefele, 1912, 40

[117] M. Hunt, Der siebte Himmel. Eine Naturgeschichte der Liebe, dt. 1963, 110; T. Vanggaard, Phallos. Symbol und Kult in Europa, dt. 1971, 135; vgl. K. Deschner (Anm. 19), 312 ff

[118] R. Masters, Die teuflische Wollust. Sex und Satanismus, dt. 1968, 114

[119] Schnitzer, 1924, I 242

[120] Ebd., 234 ff. Das so überschriebene Kapitel ist eine Kompilation aus Savonarolas Predigten. Es bietet also eine gute Zusammenfassung seiner Absichten, zumal Schnitzer als katholischer Theologe und fanatischer Apologet Savonarolas ein kundiger Zeuge ist.

[121] Ebd., 234

[122] Die Frauen befanden sich in der katholischen Kirche in einer Position völliger Inferiorität. Trotz ihrer Passivität galten sie als eigentlicher Träger der gefährlichen Sexualität, als Verführerinnen der Männer (z. B. Eva). Die einzige Frau, die etwas galt, Maria, zeichnete sich durch Jungfräulichkeit aus; vgl. A.-A. Guha, Sexualität und Pornographie. Die organisierte Entmündigung, 1971, 47. Im Spätmittelalter und der frühen Neuzeit mußten Millionen von Frauen ihr Leben lassen, weil man ihnen eine Teilnahme am phalluskultischen Hexensabbat unterstellte.

[123] Die Kahlgeschorenheit ist das Zeichen der Unterwerfung (heute noch bei Eintritt in die Armee oder Einlieferung ins Gefängnis). Hexen wurden vor Beginn der Folter alle Haupt- und Körperhaare abrasiert. Das Gegenstück zur Tonsur ist der Haarschnitt der Irokesen, die das Haupthaar rasieren, aber den Wirbel, das Potenzsymbol, langwachsen lassen. Ähnlich wird beim Skalpieren, das auch in Europa verbreitet war, nicht der ganze Kopf rasiert, sondern der Wirbel abgeschnitten. Schon in der Bibel verlor Simson seine Kraft und mit ihr seine Freiheit, als ihm die Haare geschoren wurden. Auch die römischen Sklaven erhielten mit ihrer Freilassung das Recht, ihre Haare wachsen zu lassen. Da das eine Weile dauerte, wurde ihnen als Symbol eine Mütze aufgesetzt, der pileus, den in der französischen Revolution dann die Jakobiner als Freiheitssymbol adaptierten.

[124] Vgl. K. Deschner (Anm. 19), 242 ff

[125] Schnitzer, 1924, I 251

[126] Das war die schärfere Variante, denn es gab zwei Arten der Verbrennung. Bei der häufigeren, der auch Savonarola unterzogen wurde, wurde der Delinquent zuerst erhängt und dann der Leichnam verbrannt. Sollte die Hinrichtung besonders grausam sein, wurde der arme Sünder erst mit brennendem Stroh ordentlich angesengt und dann lebend verbrannt.

[126 a] Die meisten Sklavinnen waren bei kriegerischen Unternehmungen erbeutete Mohammedanerinnen. Vgl. I. Origo, The Domestic Enemy. The Eastern Slaves in Tuscany in the Fourteenth and Fifteenth Century, Speculum 30 (1955), 312 ff

[127] Schnitzer, 1924, I 255

[128-130] Ebd., 259

[131] E. Maschke, Die Unterschichten der mittelalterlichen Städte Deutschlands, in: ders. u. J. Sydow (Hrsg.), Gesellschaftliche Unterschichten in den südwestdeutschen Städten, 1967, 73

[132] F. v. D. Ven, Sozialgeschichte der Arbeit, Bd. 2: Hochmittelalter und Neuzeit, dt. 1972, 224

[133] Zum Folgenden Hefele, 1912, 39 ff

[134] Ebd., 44

153

[135] (entfällt)
[136] Chledowski, 1919, 109
[137] Alcune lettere, 1858, 59
[138] Landucci, Bd. 1, 1912, 175
[139] Burlamacchi, 1764, 113 f
[140] Brion, 1970, 127
[141] Zit. Pastor, 1938, 170
[142] Florentiner Kodex, Zit. Hefele, 1912, 80 f
[143] S. Infessura, Römisches Tagebuch, dt. 1913, 23
[143 a] L. Chiappini, Un bruciamento delle vanità a Ferrara nel 1474, Atti e memorie della Deputazione provinciale Ferrarese di storia patria, N.S. vol. 2, 1952, par. 3, 55 ff
[144] Brion, 1948, 147
[145] Hefele, 1912, 48
[146] Bredekamp, 1977, 56. Bredekamps Aufsatz ist der einzige mir bekannte Versuch, die Verbrennungen von einer linken Position aus positiv zu interpretieren. Ich kann mich dieser Interpretation nicht anschließen, gleichwohl enthält der Aufsatz eine Reihe wichtiger Hinweise (allerdings auch eine Reihe von sachlichen Fehlern).
[147, 148] Burlamacchi, 1764, 115
[149] Landucci, Bd. 1, 1912, 220 f
[150] Hefele, 1912, 48
[151] Schnitzer, 1924, I 201
[152] Hefele, 1912, 49. Die Kennzeichnung der Juden war zuerst vom vierten Laterankonzil 1215 beschlossen worden.
[153] Zit. Ibertis, 1948, 469
[154] G. Savonarola, Prediche sopra Ruth e Michea II, 1962 (= Edizione nazionale), 322
[155] Sammlung Preußischer Kulturbesitz. Kupferstichkabinett, Min. 6208
[156] Ciardini, 1970, 89
[157] Ebd., 99
[158] Horkheimer, 1970, 137
[159] P. Ariès, Geschichte der Kindheit, dt. ³1976, 509
[160] Ebd., 562
[161] (entfällt)
[162] Gnerghi, 1901, 351
[163] Burlamacchi, 1764, 110 f. Landucci schätzt die Zahl der prozessierenden Kinder auf 5 000.
[164, 165] Landucci, Bd. 1, 1912, 177
[166] Ebd., 178
[167] Schnitzer, 1924, I 279
[168] Ebd., 280
[169] Gnerghi, 1901, 362
[170] Burlamacchi, 1764, 34
[171, 172] Zit. Schnitzer, 1924, I 244
[173] J. Burckhardt, Die Kultur der Renaissance in Italien (1860), 1930 (= Gesamtausgabe, Bd. 5), 346
[174] Pastor, 1938, 172
[175] Ebd., 173
[176] W. v. Bode, Sandro Botticelli, ²1922, 186

[177] N. Elias, Über den Prozeß der Zivilisation (1936), [4]1977, I 89

[178] · I, Brenner/G. Morgenthal, Sinnlicher Widerstand während der Ketzer- und Hexenverfolgungen, in: G. Becker u. a., Aus der Zeit der Verzweiflung. Zur Genese und Aktualität des Hexenbildes, 1977, 237

[179] Meyers Großes Konversations-Lexikon, Bd. 19, [6]1909, 444

[180] E. Fuchs, Geschichte der erotischen Kunst, 1912, 173

[181] K. M. Michel, Schön sinnlich. Über den Teufel und Seinesgleichen, das Fummeln, Schnüffeln und andere Kitzel, in: Sinnlichkeiten (= Kursbuch 49), 1977, 14

[182] Horkheimer, 1970, 108 f

[183] E. Bloch, Naturrecht und menschliche Würde, 1972, 195

[184] Ebd., 197

[185] K. Marx, Das Kapital, Bd. 1, ([4]1890) 1962 (= MEW 23), 147

[186] G. Savonarola, Prediche sopra Aggeo, 1965 (= Edizione nazionale), 474

[187] Rubinstein, 1960, 152

[188] Supplementum Ficianum, hg. v. P. O. Kristeller, Bd. 2, 1937, 77

[189] Ebd., 77 f

[190, 191] Schnitzer, 1924, I 269

[192] Pastor, 1938, 186

[193] Text bei Meier, 1836, 356

[194] Ebd., 357

[195] Ebd., 360

[196] Ebd., 372

[197] Landucci, Bd. 1, 1912, 202 f

[198] Lungo, 1863, 17 f

[199] Text bei Meier, 1836, 377 ff

[200] Lupi, 1866, 6

[201] Text bei Meier, 1836, 379 f

[202, 203] Lupi, 1866, 26

[204] Ebd., 28

[205] Weinstein, 1970, 294

[206] Ibertis, 1948, 345

[207] G. Savonarola, Trattato ..., in: G. S., Prediche sopra Aggeo, 1965 (= Edizione nazionale), 435

[208] Ebd., 436

[209] Ebd., 447

[210] Ebd., 469

[211] Ebd., 477

[212] Ebd., 480

[213] Ebd., 469

[214] Weinstein, 1970, 310

[215] Sattler, 1976, 124

[216] P. Villari, La storia di Girolamo Savonarola e dei suoi tempi, Bd. 2, [2]1888, LXVII. Der Dokumentenanhang fehlt in der sonst zitierten englischen Ausgabe.

[217] Lupi, 1866, 8

[218, 219] Meier, 1836, 381

[220] Landucci, Bd. 1, 1912, 224

[221] Zit. Villari, 1896, 631 f. Diese *Pratica* vom 14. März wird bei Lupi nicht wiedergegeben.

[222] Zit. ebd., 645

[223] Zit. Landucci, Bd. 1, 1912, 227, Anm. 1

[224] Lupi, 1866, 63

[225] Landucci, Bd. 1, 1912, 229

[226] Ebd., 230

[227] J. Schnitzer, Savonarola und die Feuerprobe, 1904 (= Quellen und Forschungen zur Geschichte Savonarolas, Bd. 2)

[228] Landucci, Bd. 1, 1912, 231 f

[229] Ranke, 1925, 93

[230] Text bei Lupi, 1866, 65 ff

[231] Diese Art der Folter erfreute sich zu allen Zeiten großer Beliebtheit, auch die Nazis haben sie angewandt. Jean Amery hat sie in seinem Essay über die Folter beschrieben. Es sei an dieser Stelle betont, daß die Folter ein Produkt des neuzeitlichen Rechtsdenkens ist. Im Mittelalter wurde nicht gefoltert, dafür gab es Einrichtungen wie das Gottesurteil.

[232] Landucci, Bd. 1, 1912, 234 f. Die Formulierung »mit seiner Hand geschrieben« bezieht sich wohl darauf, daß Savonarola das Protokoll unterzeichnet haben soll, allerdings mit einem Zusatz, der den Inhalt als verfälscht bezeichnetc (und deshalb natürlich nicht verlesen wurde). Hierüber existieren diverse Versionen.

[233] Ebd., 237

[234] Lupi, 1866, 75

[235] Landucci, Bd. 1, 1912, 239

[236] Zit. J. Schnitzer, Einleitung zu Savonarola, 1928, XLII, Anm. 2

[237] Landucci, Bd. 1, 1912, 240 f. Das Todesurteil der *Otto di Guardia* ist wiedergegeben bei P. Villari (Anm. 216), CCLXXXVI; es enthält nichts über die Gründe.

[238] QUI DOVE CON I SUOI CONFRATELLI FRA DOMENICO BUONVICINI E FRA SALVESTRO MARUFFI IL XXIII MAGGIO DE MCCCCXCVIII PER INIQUA SENTENZA FU IMPICCATO ED ARSO FRA GIROLAMO SAVONAROLA DOPO QUATTRO SECOLI FU COLLOCATA QUESTA MEMORIA

[239] Guicciardini, 1968, 159

[240] A. Gramsci, Note sul Machiavelli, 1975, 48

[241] G. Prezzolini, Vita di Niccolò Machiavelli fiorentino, (1927) 1969, 67

[242] L. Russo, Machiavelli, [4]1966, 183

[243] W. Welliver, La demagogia del Savonarola, in der Zeitschrift »Il Ponte« (12, 1956)

[244] Die wichtigsten werden referiert von J. Schnitzer, Die Flugschriften-Literatur für und wider Girolamo Savonarola, in: Festgabe K. Th. v. Heigel, 1903, 196 ff. Weiteres bei Ridolfi, 1952, II 40 ff

[245] Landucci, Bd. 2, 1913, 102

[246] Pastor, 1938, 193

[247, 248] Ebd., 198

[249] M. Berengo, Nobili e mercanti nella Lucca del Cinquecento, 1974, 372

[250] Burlamacchi, 1764, vor p. 1

[251] Cantimori, 1949, 4

[252] Ebd., 11
[253] M. Luther, Gesammelte Werke, Bd. 12, 1891, 248
[254, 255] Biermann, 1901, 83
[256] Die erwecklichen Schriften des Märtyrers Hieronymus Savonarola, zur Belebung christlichen und kirchlichen Sinnes übertragen von Georg Rapp, Pfarrer von Oberurbach, 1839
[257] Ebd., VIII
[258] P. Luotto, Il vero Savonarola e il Savonarola di L. Pastor, 1897
[259] J. Schnitzer, Savonarola im Lichte der neuesten Literatur, Historisch-politische Blätter für das katholische Deutschland 121 (1898), 465 ff u.ö.
[260] L. Pastor, Zur Beurtheilung Savonarolas, 1898
[261] Ebd., 3
[262] J. Schnitzer, Savonarola, NA italien. 1931, zit. Weinstein, 1970, 9
[263] Ders., Vorwort zu Savonarola, 1928, II
[264] Zit. »Der Spiegel« vom 8. 8. 1977, 111
[265] Herrmann, 1977. Zu diesem Buch E. Piper, Savonarola zwischen Theologie und Geschichtswissenschaft, Vorgänge 31 (1978), 108 ff
[266] Villari, 1896, 148 f
[267] Ebd., 168 ff
[268] (entfällt)
[269] Er stammt von E. Pazzi aus dem Jahre 1876
[270] A GIROLAMO SAVONAROLA DOPO TRECENTOTTANTA-QUATTRO ANNI L'ITALIA REDENTA XXV GIUGNO 1882
[271] Die meisten dieser Dichtungen findet man in der Bibliographie von Ferrara, die den zweiten Band des zitierten Werkes ausmacht und 1958 auch separat veröffentlicht worden ist.
[272] Dazu G. Lukács, Die Zerstörung der Vernunft, (1952) 1974 (= Werke, Bd. 9), 580 ff
[273] Th. Mann, Fiorenza. Drei Akte, 1959, 109. Vgl. Manns eigenen Kommentar in den »Betrachtungen eines Unpolitischen« ([11-14]1919, 57 ff) und E. Heller, Thomas Mann. Der ironische Deutsche, 1975, 85 ff
[274] Vgl. Anm. 241

Die Übersetzungen stammen, soweit nicht anders angegeben, vom Autor. Bei Landucci wurde die zitierte Übersetzung benutzt, jedoch aus stilistischen Gründen verändert.

Bildnachweis: G. Savonarola, Prediche sopra Ezechiele (S. 6). P. Giovio, Elogia virorum bellica virtute illustrium (S. 8), Museo di San Marco (S. 15, S. 127), G. Savonarola, Predica dell'arte del ben morire (S. 17). Franziska Krumwiede (S. 24), Staatliche Museen Preußischer Kulturbesitz, Berlin (S. 26), Uffizien, Florenz (S. 31), Santa Trinità, Florenz (S. 35), Museo Mediceo, Florenz (S. 45, S. 57, S. 135), L. de Pulci, Pistole (S. 53), Bibliothèque Nationale, Paris (S. 59), G. Savonarola, Dialogo della verità profetica (S. 83), P. Burlamacchi, Vita del P. F. Girolamo Savonarola (S. 97), Supplementum Chronicarum (S. 100), G. Savonarola, Revelazio e Vita (S. 101), Fogg Art Museum, Cambridge (Mass.) (S. 103), Sammlung Langton Douglas, London (S. 129), Palazzo Vecchio, Florenz (S. 131), G. Savonarola. Prediche sopra i salmi (S. 132).

Bibliographie

Alcune lettere   di Fra Girolamo Savonarola ora per la prima volta pubblicate, hg. v. C. Capponi, 1858

G. Biermann,   Kritische Studien zur Geschichte des Fra Girolamo Savonarola, 1901

H. Bredekamp,   Renaissancekultur als Hölle: Savonarolas Verbrennungen der Eitelkeiten, in: Bildersturm. Die Zerstörung des Kunstwerks, hg. v. M. Warnke, 1977, 41 ff

M. Brion,   Savonarola, 1948

ders.,   Die Medici, dt. 1970

P. Burlamacchi,   Vita del P. F. Girolamo Savonarola, hg. v. F. Vincenzo di Poggio, NA [2]1764

C. v. Chledowski,   Der Hof von Ferrara, dt. 1919

M. Ciardini,   I banchieri ebrei in Firenze nel secolo XV e il monte di pietà fondato da Girolamo Savonarola, (1907) 1970

J. Cleugh,   Die Medici. Macht und Glanz einer europäischen Familie, dt. 1977

G. Fanelli,   Firenze. Archittetura e città, 2 Bde. 1973

M. Ferrara,   Savonarola, 2. Bde, 1952

G. Gnerghi,   Girolamo Savonarola e i fanciulli, La Rassegna Nazionale 117 (1901), 345 ff

F. Guicciardini,   Storie fiorentine dal 1378 al 1509, hg. v. R. Palmarocchi, (1931) 1968

K. Hefele.   Der hl. Bernhardin von Siena und die franziskanische Wanderpredigt in Italien, 1912

H. Herrmann,   Savonarola. Der Ketzer von San Marco, 1977

E. Heyck,   Florenz und die Mediceer, 1902

M. Horkheimer,   Egoismus und Freiheitsbewegung (1936), in: M. H., Traditionelle und kritische Theorie. Vier Aufsätze, 1970, 95 ff

E. Ibertis,   La democrazia nel pensiero di Fra Girolamo Savonarola, Vita Sociale 5 (1948), 343 ff

ders.,   Ricchi e proveri, Vita Sociale 5 (1948), 468 ff

D. Kent,   The Florentine *Reggimento* in the Fifteenth Century, Renaissance Quarterly 28 (1975), 575 ff

L. Landucci,   Florentinisches Tagebuch 1450-1516, 2 Bde, dt. 1912/13

I. del Lungo,   Fra Girolamo Savonarola, Archivio Storico Italiano, N.S. 18 (1863), 3 ff

C. Lupi   (Hrsg.), Nuovi documenti intorno a Fra Girolamo Savonarola, Archivio Storico Italiano 3 (1866), 3 ff

L. F. Marks,   La crisi finanziaria a Firenze dal 1494 al 1502, Archivio Storico Italiano 112 (1954), 40 ff

ders.,   The Financial Oligarchy in Florence under Lorenzo, in: Italian Renaissance Studies, hg. v. E. F. Jacob, 1960, 123 ff

U. Mazzone,   »El buon governo«. Un progetto di riforma generale nalla Firenze savonaroliana, 1978

Fr. K. Meier,   Girolamo Savonarola aus grossen Theils handschriftlichen Quellen dargestellt, 1836

F. Merzbacher, Die Staatslehre des Dominikaners Girolamo Savonarola, in: Staat und Gesellschaft. Festschrift G. Küchenhoff, 1967, 87 ff

A. Molho, Florentine Public Finances in the Early Renaissance, 1971

P. v. Paassen, A Crown of Fire. The Life and Times of Girolamo Savonarola, 1961

L. Pastor, Geschichte der Päpste, Bd. III 1, [10]1938

E. Piper, Der Aufstand der Ciompi. Über den »Tumult«, den die Wollarbeiter im Florenz der Frührenaissance anzettelten, [2]1981

L. v. Ranke, Savonarola und die florentinische Republik gegen Ende des 15. Jahrhunderts (1878), in: L. v. R., Savonarola. Die großen Mächte, Politisches Gespräch, 1925, 5 ff

R. Ridolfi, Vita di Girolamo Savonarola, 2 Bde, 1952

R. de Roover, The Rise and Decline of the Medici Bank 1397-1494, 1963

N. Rubinstein, Politics and Constitution in Florence at the End of the Fifteenth Century, in: Italian Renaissance Studies (s. Marks), 148 ff

ders., The Government of Florence under the Medici. 1434 to 1494, 1966

F. R. Salter, The Jews in Fifteenth-Century Florence and Savonarola's Establishment of a Mons Pietatis, The Cambridge Historical Journal V, 2 (1936), 193 ff

S. Sattler, Girolamo Savonarola, in: Das politische Denken der Florentiner Humanisten, hg. v. W. Rothholz, 1976, 95 ff

G. Savonarola, Auswahl aus seinen Schriften und Predigten, hg. v. J. Schnitzer, 1928

ders., Edizione nazionale delle opere, 1955-(1979)

J. Schnitzer, Savonarola. Ein Kulturbild aus der Zeit der Renaissance, 2 Bde, 1924

P. Ugolini, La ragione politica cede: fra' Girolamo riforma la città per la Chiesa, in: Ders. (Hrsg.), Un'altra Firenze, 1971, 655 ff

P. Villari, Life and times of Girolamo Savonarola, (1859/61) engl. 1896

D. Weinstein, Savonarola and Florence, 1970